抓住房地產
最佳決勝點

從認識影響房地產景氣的各項指標
到買賣最佳時機點超詳細分析

廖仁傑——著

推薦序

首先恭喜廖教授出版第二本著作,也很榮幸再次受邀寫序。

廖教授的第一本著作《買房全攻略》,內容著重在解析房地產的市場脈動與法令規範,他用深入淺出的方式,帶領讀者輕鬆認識房地產。這一次的新作,從基礎入門走向進階,可以說是一本既專業又實用的工具書。

他從供需、金融、經濟等面向,全面性的帶著讀者認識、看懂影響房地產的各項專業指標,像是經常在新聞報導中看到的國泰房價指數、信義房價指數、買賣移轉棟數等數據資料,難能可貴的是,廖教授結合自己所學所長,除了將這些資訊做詳細的整合分析外,還給予許多中肯建議,告訴讀者如何解讀數字,並且透過這些數字,更加了解房地產脈動。

也正因為本書提到的指標觀念涵蓋金融、經濟等專業領域,因此,讀者在有金融相關的知識基礎或是實務背景之後閱讀本書,會有「功力倍增」的感受,可以更完整、更全面性的迅速提升房地產相關專業知識。

　　最後，想與讀者分享，房地產的產業變化是需要以長遠眼光來看的，尤其住宅不斷日新月異，工法、安全係數、建材、設計等的改變，都會讓住宅建築有質量上的轉變，房地產和百工百業有著很緊密的連動發展，更是需要綜觀全面的去看台灣產業的景氣循環，短期的指數變化，很容易牽動情緒，讓人心情隨著這些數字上下起伏，唯有全面性的培養專業、累積知識，輔以相關指標及大數據評估參考，才能做出最佳判讀，在房地產市場上抓住最佳的致勝時機。

海悅國際總經理

王俊傑

FOREWORD

推薦序

房地合一稅 1.0 版（106 年）、房屋買賣成交實價登錄、平均地權條例修正（預售屋禁止紅單買賣及更換合約）、房地合一稅 2.0 版、預售屋買賣合約實價登錄及未來的囤房稅等等一系列的抑制房市炒作的修法措施，不但房價沒跌，還緩慢上漲，最後房地產交易的利潤都被政府給課稅課走了，所以房地產交易的入場及出場時間點更顯得重要；雖然房地產的短期持有已不是好的投資標的，但是我個人認為它是抗通膨保值的好標的，消費者如有自住的剛性需求，且沒有資金上的短版，更應該在適當的時機點著手合適的標的。

廖教授不僅在學界、金融界上有很好的資歷與經歷，更是不動產界上少有的趨勢預測與實務操作專家；同時教授也是我創業過程中的貴人，在本司需要資金購買改建的老屋物件時，他總是適時提供好的貸款條件及成數，讓本司的資金短缺問題迎刃而解；對本司的客戶而言，也提供很好的購屋貸款條件；更甚者，客戶有購屋需求時，教授也不吝推薦本司的產品；且在房地產專業領域上，廖教授更經常提供銀行端及央行政策上的實務專業知識供本司參考，讓本司總能超前佈署。

教授的第一本大作《買房全攻略》已讓本司同仁驚艷不已及受益匪淺，沒想到在拜讀其第二本大作「抓住房地產最佳決勝點」後，更讓我茅塞頓開，不再只是停留在直覺上的認知而已，而是能佐以理論依據（書上各種指標的數據呈現），自信地告訴有房地產交易需求的客戶及自己，何時是最好的交易時間點，莫慌莫急；就目前整體房地產趨勢而言，書上的內容已給出答案，但本司身為第一線的從業者，給的建議仍是，「別再等待了」，因為營建成本只會越來越高，缺工問題 2 至 3 年內依然無解，土地仍然供不應求，目前因為選舉的選票因素，房價被扭曲壓抑，相信大選過後，等待只會付出更高

的購屋成本。

本書我覺得對房地產有興趣或是相關從業人員特別有幫助，因為廖教授從各種專業的指標著手，有領先指標與落後指標，讓您掌握趨勢，套句投資大師巴菲特名言：「當大家看好時，您要戒慎恐懼；當大家看空時，您可以樂觀以對」，在運用教授書上介紹的各項指標交叉運用，你一定可以成為房地產投資的常勝軍。

最後也藉此機會讚賞廖教授的孝心，在其父親仙逝後，其便立志要全心陪伴母親及照顧家人，並在工作之餘，盡量騰出時間，全心陪伴母親，並帶在身邊悉心照料，記得去年與伯母交談間，其話語有點反覆，老師在旁提醒說媽媽有輕微的失智，但最近再次與伯母交談時，其氣色與狀態比去年更好，完全看不出有任何的異狀，失智的症狀在廖教授身教的行為上看到了解方，用「悉心照料」來延緩症狀。

再次感謝廖老師提供延緩失智症的解方及大氣的善舉，將本書所有的版稅捐給「財團法人切膚之愛社會福利慈善基金會」建置失智老人 24 小時團體家屋經費，此種大愛的心境非我等輩可比擬，但卻可作為我學習的典範，因為我的父親也在三、四年前罹患阿茲罕默症，目前已不記得任何家人的名字，但感謝主恩典，其身體尚屬硬朗，有外籍看護陪伴著，每天像個調皮的小孩一樣無憂無慮在家裡走來走去，受到教授的啟發，我也給自己立了一個使命，多花些時間陪伴身體尚屬硬朗的母親，讓她可以幸福快樂的渡過她的晚年；同時也祝福所有的讀者，珍惜父母親健在與陪伴的時光，因為我們也會老！

鈞豐建設總經理
傳丰堂普洱堂主

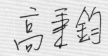

PREFACE

序

　　為了對抗通膨，美國聯準會已經從 2022 年一連串的升息下，造成不動產市場的變動及不動產價格的波動，至 2023 年 8 月止，聯準會已經升息了 11 次，合計共 21 碼（5.25%），台灣則升息了 5 次，合計共 3 碼（0.75%），但從 FedWatch 及 FED 利率點陣圖來預測未來升降息的機率上，也發現未來不久經濟將在逐漸衰退下而產生降息的機率，故未來不動產市場將會在利率升降下造成衝擊的影響，此書希望讓讀者了解不動產指標及金融指標的定義及指標中不動產所呈現的現狀，更希望藉由不動產指標及金融指標的綜合判讀下，提供讀者或投資者對於房市未來判讀，可以了解目前房市是處於買點還是賣點。本書除了詳細說明各個指標的定義及現狀外，也期許該書能提供讀者對於不動產有宏觀的思維及對於不動產有更深入的了解。

　　個人自民國 100 年博士班畢業後，就在學術及工作生涯中鑽研不動產研究及各種投資理財商品，每次在大學部及研究所開課時必然造成學生大量選課，在不動產專題演講及投資理財教育訓練中也同樣造成業界的歡迎，並且在專業研究機構的聯合徵信中心也獲董事長多次邀約進行專題演講，及在台北醫學大學也受到院長的邀請，故相信第二本不動產專書的出版，除對第一本更深入探討外，也會受到產、官、學的歡迎及期待，個人也期許這本書能培育更多嚮往不動產的專業人才及教育讀者商品認識，以讓不動產人才及投資不動產的大眾務實致用。

● **本書在整體內容上有以下四大特色：**

（1）理論與實務結合

　　本書最大的特色是當遇到問題或議題時，因個人除具理論與研究背景外，更擁有豐富的金融機構實務背景，所以每項議題皆能提供理論與實務的結合與應用。

（2）本書不動產指標及金融指標彼此相關

指標觀念除皆貫穿全書外，另本書中在房市經濟面、供需面、金融面、交易面，皆能提供不動產景氣綜合的判讀及投資決策所需。

（3）適合學界與業界使用

本書因具有理論與實務的結合，所以在學界上適合業界研究員和學界研究生使用，在業界上非常適合銀行、保險、建設、營造、代銷、仲介及銀行放款人員使用，另在本書也適合想要穩定租金配息的投資人使用，更適合想要買房的人利用。

（4）涵蓋範圍廣博

個人因為長期累積大學及研究生授課投資不動產及理財的課程，並在學界及業界也長期提供專題演講或教育訓練的經驗，所以對於財務金融知識非常的扎實及對於不動產市場也非常地深入及了解，另在授課中及工作實務中也常對於學生、授課者及顧客提供投資不動產的建議及配置，所以本書的資料及應用範圍非常廣博及準確性也非常的高，所以對於讀者及投資者的使用均有莫大助益。

寫書是一件非常浩大且辛苦的工程，先前第一本不動產書籍寫書時是為了紀念過世的父親，紀念父親對於我的培育及教導，第二本書是堅定我對於父親照顧母親的承諾，這本不動產書籍的延伸，是要告訴我的母親，兒子帶您旅遊的地方同該書的延伸，我要帶您將台灣中部的地方全部旅遊完，讓母子一生沒有遺憾，更希望藉以此書呼籲讀者要好好和父母親旅遊，讓您人生及生命中不會有遺憾的。

廖仁傑 謹誌

CONTENTS
目錄

chapter 01 交易面房地產指標

chapter 02 供需面房地產指標

chapter 03 金融面房地產指標

chapter 04 經濟面房地產指標

chapter 05 綜合面向判讀房地產走勢

Chapter 01
交易面
房地產指標

　　一般大眾對房屋市場最有感部分一定是數量和價格，因為透過供需法則的房市數量變動下，將會引起房市的價格之變動，故為了深入了解房市價量的變動，本章將透過交易面房地產具代表性的指標，讓讀者可以理解及窺探房市各項指標的資訊與各項指標所揭露之房市現況，並且希望讀者可以深入了解政策與法令對於房市產生的影響。

　　如中央銀行 2023 年 6 月 15 日召開理監事會，宣布祭出第五波選擇性信用管制措施，並且意外宣布加碼房市管制措施，鎖定「特定地區」個人第二戶購屋貸款，限制最高成數上限為七成，並且於 6 月 16 日起開始實施。

　　另外，平均地權條例於 2023 年 7 月 1 日全面上路後，房市勢必也會因政府政策而受到影響，在這兩項政策實施後，及先前國泰金於 2023 年 7 月 20 日發布 7 月國民經濟信心指數，果然發現國人買房意願指數降至 -49.5（6 月為 -49.1），月減 0.4，賣房指數上升 -18.2（6 月為 -19.4），月增加 1.2，現在買賣意願方向開始分歧，並且房市景氣已逐漸走疲，故許多交易面之房地產指標降低，讓許多購屋者持觀望態度，導致房市成交量下降。

　　另外，企業為因應氣候變遷因應法上路，未來淨零碳排將成為營建業重要成本，一旦徵收碳稅後，預估營建業成本將上漲 35%，加上通膨未消失，短期間房價不太可能下跌，為了掌握房地產買賣點，就必須看懂本章所述交易面房地產指標。

🏠 解讀三大指數　瞭解市場行情

有關於房價趨勢，目前市場上主要有國泰房價指數、信義房價指數、
住宅價格指數共三項指數。

1. 國泰房價指數：

　　國泰房價指數為國泰建設與政治大學台灣房地產研究中心、不動產界學
者合作編製，於每季發布研究成果，主要是針對「預售及新屋物件」，為國
內房地產主要參考指標之一。2022 年第四季國泰房地產指數為 133.06（參考
圖 1）顯示，2022 年第四季全台預售屋房市，呈現「價漲量縮」，房價仍比
前一年持續攀升中。（基期為 2021 年全年 =100）。

圖 1：國泰房地產指數（2020Q1 至 2022Q4）

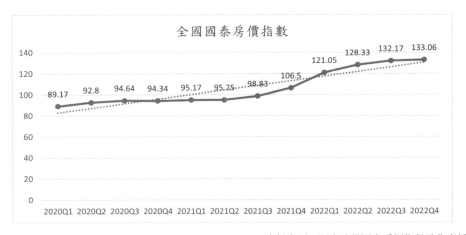

資料來源：國泰建設國泰房價指數及作者編製

2. 信義房價指數：

　　信義房屋與政治大學商學院合作，就純住中古屋物件，並排除預售屋及新成屋物件，範圍涵蓋全台各地區交易樣本。2022Q4 信義房屋第四季房價指數為 142.06（參考圖 2），季減少 1.7%、年減少 7.6%，出現連續 12 季上漲以來的首次下跌，6 大都會區中除高雄外，全面下跌。

圖 2：信義房價指數（2020Q1 至 2022Q4）

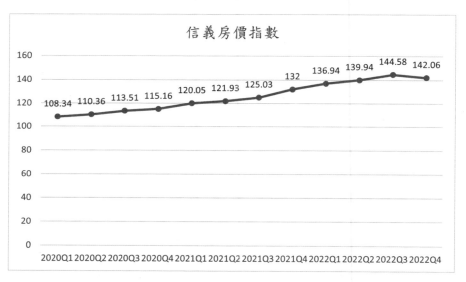

資料來源：信義房屋信義房價指數及作者編製

3. 住宅價格指數：

內政部以不動產成交案件實際申報資料，計算出住宅價格季指數，提供住宅價格之變動趨勢資訊，透過不動產估價師尋找比較案例之概念，搜尋與本季交易案例高度相似並具有替代性的相似房屋，計算於不同時點之價格變動，目前編製完成全國及六都住宅價格季指數。（基期為 2016 年全年 =100）

2022 年第 4 季所有權買賣移轉登記棟數 74,170 棟，較上季 73,129 棟增加 1.42%，較 2021 年同季 99,315 棟減少 25.32%。以下提供全國及六都住宅價格指數（表 1）及全國住宅價格走勢（圖 3）供讀者參考。

表 1：全國及六都住宅價格指數

縣市	全國	新北市	台北市	桃園市	台中市	台南市	高雄市
2020 年第 1 季	104.69	103.7	100.61	105.09	106.37	108.95	104.85
2020 年第 2 季	105.39	103.9	100.7	105.8	107.64	110.38	105.24
2020 年第 3 季	106.89	105.16	102.3	108.04	109.85	113.2	106.2
2020 年第 4 季	108.17	106.11	103.65	109.43	111.4	115.91	107.58
2021 年第 1 季	110.61	108.03	105.55	111.42	115.13	119.73	110.6
2021 年第 2 季	112.42	108.89	106.72	113.92	117.62	122.29	111.55
2021 年第 3 季	114.83	110.9	108.47	116.84	121.01	126.03	114.49
2021 年第 4 季	117.5	112.69	109.44	120.64	124.28	129.68	118
2022 年第 1 季	121.01	116.13	111.53	123.9	128.81	133.59	123.54
2021 年第 2 季	123.97	118.57	112.67	126.89	132.06	136.56	127.07
2022 年第 3 季	126.33	120.95	113.61	128.68	135.11	139.21	130.57
2022 年第 4 季	127.51	121.33	113.08	130.3	135.97	140.25	131.59

資料來源：內政部不動產資訊平台及作者編製

圖 3：全國住宅價格走勢

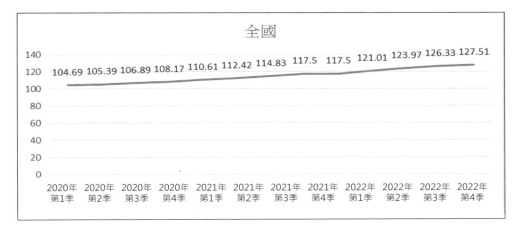

全國

| | 104.69 | 105.39 | 106.89 | 108.17 | 110.61 | 112.42 | 114.83 | 117.5 | 117.5 | 121.01 | 123.97 | 126.33 | 127.51 |

2020年第1季 2020年第2季 2020年第3季 2020年第4季 2021年第1季 2021年第2季 2021年第3季 2021年第4季 2022年第1季 2022年第2季 2022年第3季 2022年第4季

資料來源：內政部不動產資訊平台及作者編製

表 2：價格指數的編列及說明

價格 / 指數	樣本選擇	說明	發佈	資料來源
國泰房價指數	擇選取純住產品	以預售及新成屋平均價為主	每季	國泰建設
信義房價指數	擇選取純住產品	以中古屋為主	每季	信義房屋
全國住宅價格指數	全國各縣市實價登錄不動產交易價格資料	包含新屋及中古屋	每季	內政部

資料來源：作者編製

從建照申請、開工量及使用執照瞭解市場變化

建照申請及開工量都是房屋市場領先指標，而使用執照則可以了解建商餘屋量的消化狀況。

1. 建照：

全名為「建造執照」，建物如果有新建、增建、改建或修建，都應該先申請「建造執照」。「申請需求」要提供相關的文件和建築規劃圖，取得「建造執照」後才可以開始動工，一般而言，營建署發出建照的多寡，代表建商推案的信心強度，因為建商開發新建案需要取得建照才能開始興建與銷售預售屋。

2. 開工量：

領照日起 6 個月內開工，得展期一次，期限為 3 個月，新屋開工觀察開始興建住宅的數量變化，是**房地產業的領先指標**，另依據「預售屋買賣定型化契約應記載及不得記載事項」，契約內應明定開工及取得使用執照完工的日期，並規定賣方應於領得使用執照六個月內，通知買方進行交屋。如果預售屋逾期完工或是交屋延遲，建商應按照買方已繳交的房地價款，依逾期日數每日萬分之五計算遲延利息支付給買方。

另外，政府平均地權條例修正案上路後，預售轉賣受限制，加上土地成本及原物料價格高，所以建商通常會採取先建後售的方式，以控制變動成本以及增加成屋投資置產的意願，讓開工量寫下新高，並且若建照申請及開工量大增，並與使照核發量呈黃金交叉，市場將會出現止跌訊號。

3. 使用執照：

　　「使用執照」則是建築物經過 2 年到 4 年左右的時間蓋好之後，經過地方政府的工務機關審驗、過關，就發給這個證明文件，然後才可以憑使用執照，申請水、電及辦理產權過戶等手續。使用執照的核發數量，除代表完工物件新成屋量的增加，其實「使用執照」核發的數量，也是相對是代表房市供給量的同時指標。

表 3：建照、開工及使用執照之申請戶數

年度	建造執照 申請戶數	建築物開工 申請戶數	使用執照 申請戶數
2012 年	98,663	83,638	80,653
2013 年	133,072	95,592	86,438
2014 年	124,127	105,365	91,883
2015 年	106,752	84,032	99,421
2016 年	79,490	68,996	97,620
2017 年	91,981	76,070	88,636
2018 年	121,689	102,222	98,953
2019 年	148,566	116,521	92,284
2020 年	160,039	134,315	98,260
2021 年	170,495	130,822	104,872
2022 年	180,674	146,436	112,088

資料來源：內政部統計處

圖 4：2012 至 2022 年建照、開工及使用執照之申請戶數走勢圖

資料來源：內政部及作者整理

　　從表 3 及圖 4 中，2022 年核發建照 180,674 戶、開工數 146,436 戶及使用執照 112,088 戶，均是近 10 年創新高，另近 3 年建照申請戶數均超過 16 萬以上，以及開工數超過 13 萬戶以上，並且使用執照近兩年來也超過 10 萬戶以上，不免讓人憂心未來供過於求的問題。

　　即使近期消費者買氣放緩，建商仍持續請照開發，由於短期市況氣氛欠佳，加上原物料及造價大漲等因素，即使申請建照與開工爆量，推案狀況卻顯得相對保守，但考量 2024 總統選戰開打，短期不動產買氣將會受惠，未來不動產買氣應該仍然可以期待的。

🏠 建商對於未來市場的信心

> 由建築執照及使用執照的申請數量，可以反應建商對於未來房屋市場的信心。

　　與景氣循環相同的概念也能應用於房市中，藉由觀察房屋市場中的領先**指標**—使用執照數量及建築執照數量，我們可以更準確判斷目前房屋市場的景氣如何，建築執照是房屋開始興建的必要條件，因此建築執照面積反映了建商的生產力，象徵建商對於未來房屋市場的信心。使用執照則是當房屋興建完成後、進入房屋市場前須請領的執照，象徵著進入成屋市場的供給量。

圖5：房市的景氣循環

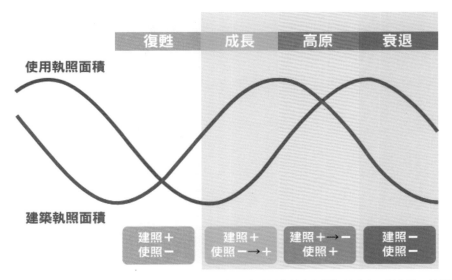

資料來源：《房地產景氣對生產時間落差之影響》彭建文、張金鶚、林恩從著

1. 景氣復甦：

當景氣循環從谷底邁向復甦時，房價逐漸回升，建商信心也逐漸恢復，因此請領建築執照預備興建房屋，此時建築執照面積（紅線）增加，而因使用執照是建案興建完成才請領，因此落後於建築執照的反轉，仍呈現減少。

2. 景氣成長：

當景氣進入成長時，市場信心充足，投資活動增多，建商將加大興建房屋的速度，建築執照面積持續增加。而隨著復甦階段的房屋逐漸進入市場，使照面積反轉向上。此階段建築執照面積帶動使用執照面積增多，意味建商對前景看好，並能預期未來房市供給量持續上升。

3. 景氣衰退：

當景氣到達高峰進入衰退時，首先看到在房屋市場的建築執照面積下降，因市場的房屋需求逐漸飽和、投資活動亦減少，建商逐漸下降房屋供給。而於擴張期末端興建的房屋則轉為成屋，因此使用執照數量會大增。

4. 景氣蕭條：

當景氣衰退進入谷底，此時投資活動少，房屋超額供給導致房價下降，且因預期房價將持續下探，買方更不願意此時進入房屋市場，整體由生產者（建商）至消費者（買方）的經濟活動呈現停滯

表4：建照與使用執照指標的投資建議

建照 / 使用執照	建商推案	房市循環	消費者建議
建照戶數增加 使用執照減少	（1）建商推案未來有信心 （2）使用執照落後於建築執照的反轉，仍呈現減少	房市復甦	（1）可以買進 （2）房價稍低
建照戶數增加 使用執照增加	（1）建商推案未來更有信心 （2）使用執照開始增加	房市成長	（1）可以賣出 （2）房價最高
建照戶數減少 使用執照增加	（1）建商推案未來開始保守 （2）建照申請開始減少	房市衰退	（1）可以賣出 （2）房價稍高
建照戶數減少 使用執照減少	（1）建商推案未來開始沒信心 （2）使用執照也開始減少	房市蕭條	（1）可以買進 （2）房價最低

資料來源：作者整理

　　從表4可以透過建照戶數與使用執照雙指標，了解房市的現況，以利提供讀者及投資人購房的建議。

🏠 從資金指標判斷消費者信心

> 資金中 M1b 及 M2 的年增率，代表房市資金去向的程度，消費者信心指數中的「購買房地產時機」，是消費者信心程度，都是領先指標。

1. M1b、M2 年增率及 M1b-M2 年增率：

M1B ＝通貨淨額＋支票存款＋活期存款＋活期儲蓄存款→流動性高
M2 ＝ M1B ＋準備貨幣（如定期存款、郵政儲金及外匯存款）→流動性弱

　　中央銀行發布 M1B、M2 年增率及 M1B － M2 的數值，尤其 M1B － M2 近期變化，已經逐漸出現死亡交叉的走勢，使得各界擔心國內資金市場是否越來越吃緊，影響所及不只是股票市場，連房地產市場也會受到影響，尤其把當月份 M1B、M2 年增率互相比較時，如果發生「M1B 年增率向下穿越 M2 年增率」線型走勢時，就是俗稱「死亡交叉」，代表民眾把平時投資的錢放回金融機構定存裡的趨勢更加明顯，因此股市及房市就比較漲不起來。

　　2023 年 2 月的日平均貨幣總計數 M1B 及 M2 月增率，分別為 0.40% 及 0.96%；M1B 年增率下降為 2.03%，主要係活期性存款成長減緩所致；M2 年增率上升為 6.80%，為定存增價所致。

表 5：M1b、M2 年增率及 M1b-M2 年增率

日期	M1b 年增率（%）	M2 年增率（%）	M1b-M2 年增率（%）
202201	11.49	7.87	3.62
202202	11.08	7.67	3.41
202203	10.92	8.11	2.81
202204	9.81	8.12	1.69
202205	8.54	7.94	0.6
202206	8.08	7.65	0.43
202207	6.67	6.99	-0.32
202208	7.55	6.93	0.62
202209	6.58	6.83	-0.25
202210	5.18	7.32	-2.14
202211	4.42	7.37	-2.95
202212	4.14	7.06	-2.92
202301	2.74	6.67	-3.93
202302	2.03	6.8	-4.77

資料來源：中央銀行及作者整理

圖 5：2022 年 1 月至 2023 年 2 月中 M1b% 的走勢圖

資料來源：中央銀行及作者整理

圖 6：2022 年 1 月至 2023 年 2 月中 M2% 的走勢圖

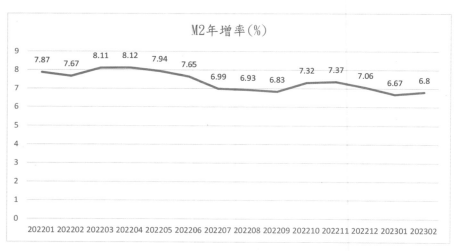

資料來源：中央銀行及作者整理

圖 7：2022 年 1 月至 2023 年 2 月中 M1b%-M2% 的走勢圖

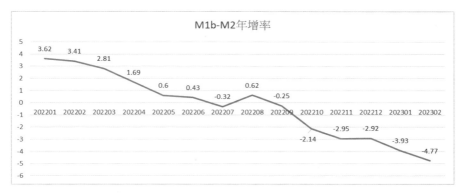

資料來源：中央銀行及作者整理

2. 消費者信心指數中的「購買房地產時機」：

　　主辦單位：中央大學台灣經濟發展研究中心，調查及協辦單位：輔仁大學 AI 人工智慧發展中心、健康力股份有限公司及台灣房屋集團，消費者信心指數調查中有 6 項指標，分別為物價水準、家庭經濟狀況、國內經濟景氣、就業機會、投資股市時機、購買耐久財，其中 6 項指標有 5 項偏向悲觀、指數低於 100，僅有「購買耐久性財貨」指標呈現樂觀。

　　若更深入探討房地產表現時，可以發現中央大學與台灣房屋合作編列的「購買房地產時機」指標為 103.95 點，較上個月為月增 1.15 點，因此即使政府通過平均地權條例法案，但所影響是投資客的預售屋，但對於自住者的預售屋、成屋及中古屋影響有限。

　　自住者此時可以利用房價軟著陸時，找到可以適當的時機購買，下表及下圖將提供消費者信心指數及提供「購買房地產時機」的資料供讀者參考。

表 6：2022 年 1 至 12 月消費者信心指數 6 項指標及購買房地產時機

2022/月	總得點數	未來半年國內物價 分類點數	未來半年家庭經濟 分類點數	未來半年國內經濟 分類點數	未來半年國內就業 分類點數	未來半年投資股票 分類點數	未來半年購買耐久 分類點數	目前健康狀況 分類點數	預期健康狀況 分類點數	購買房產時機 分類點數
1 月	73.67	32.10	77.60	89.90	64.70	51.10	126.60	107.25	93.55	123.15
2 月	73.19	30.45	77.9	90	65.3	49.7	125.8	106.95	93.3	122.85
3 月	72.24	30.55	78.35	89.5	66.8	45.9	122.4	104.5	91.75	119.35
4 月	71.77	31.8	79.15	89.4	68.75	41.6	119.9	102.9	91.2	116.35
5 月	67.81	30.55	75.95	85.85	66.8	32.9	114.8	98.15	87.05	111.1
6 月	64.14	26.65	75.4	80.95	64.45	25.5	111.9	93.35	83.35	105.55
7 月	63.05	26.9	74.35	79.55	63.7	24.8	109	91.15	81.55	103.3
8 月	63.08	26.5	74.35	79.7	63.7	24.8	109.4	91.2	81.55	103.5
9 月	62.59	26.9	73.6	78.9	63.3	24.5	108.35	90.5	80.95	102.7
10 月	61.22	27.2	73.15	78.45	62.9	21.3	104.3	90.4	80.95	102.65
11 月	60	27.15	71.45	76.65	61.65	21.1	102	90.45	81	102.65
12 月	59.12	27.2	70.9	75.6	61.1	20	99.9	88.8	80	100.4

資料來源：中央大學台灣經濟發展研究中心

表 7：2023 年 1 至 3 月消費者信心指數 6 項指標及購買房地產時機

2023/月	總得點數	未來半年國內物價 分類點數	未來半年家庭經濟 分類點數	未來半年國內經濟 分類點數	未來半年國內就業 分類點數	未來半年投資股票 分類點數	未來半年購買耐久 分類點數	目前健康狀況 分類點數	預期健康狀況 分類點數	購買房產時機 分類點數
1 月	59.73	27	71.75	76.85	61.35	20.8	100.6	89.45	80.4	101
2 月	62.47	27.15	73.5	78.7	63.4	24	108.5	90.35	80.85	102.8
3 月	64.47	30.55	78.8	80.75	66	24.7	109	90.35	80.85	102.8

資料來源：中央大學台灣經濟發展研究中心

圖 8：2022 年 1 月至 2023 年 3 月購買房地產時機之趨勢圖

資料來源：中央大學台灣經濟發展研究中心及作者整理

3. 台灣經濟研究院營業氣候測驗點：

　　主要透過詢問受訪者對未來景氣的看法，分別有「好轉」、「不變」或「轉壞」三種選項，將結果編製成指數，可用來觀察受訪企業對於未來景氣的樂觀或悲觀程度。主要有「製造業」、「服務業」及「營造業」三種行業別，其中製造業和服務業細項為：1.製造業包括鋼鐵、成衣服飾、塑膠製品、紡織、化工、電子機械、汽車等產業，其中電子機械業為最大權重。2.服務業包括餐飲、零售、旅遊、批發、運輸、證券、銀行、保險等產業。

　　其中從台灣經濟研究院營業氣候測驗點報告中發現營建業方面，2 月測驗點再度轉為上揚，主要來自於營造業看好當月及未來半年景氣表現，係因業者手中在建工程水位充足，加上公共建設陸續動工，有利於土木工程業者工程款收入增加，讀者另可參考以下資料。

表 8：2022 年 1 月至 2023 年 2 月製造業、服務業及營建業營業氣候測驗點

日期	製造業	服務業	營建業
2022/01	103.86	96.17	109.94
2022/02	101.37	94.17	106.01
2022/03	99.10	95.28	103.95
2022/04	94.79	95.26	96.10
2022/05	92.59	95.02	96.07
2022/06	89.00	93.86	92.90
2022/07	88.08	97.20	96.61
2022/08	86.13	96.05	93.27
2022/09	84.63	94.74	90.34
2022/10	83.92	90.90	85.84
2022/11	85.16	90.77	87.32
2022/12	86.50	90.01	92.27
2023/01	88.07	91.76	92.11
2023/02	91.19	94.97	93.31

資料來源：台灣經濟研究院及作者整理

圖 9：2022 年 1 月至 2023 年 3 月購買房地產時機之趨勢圖

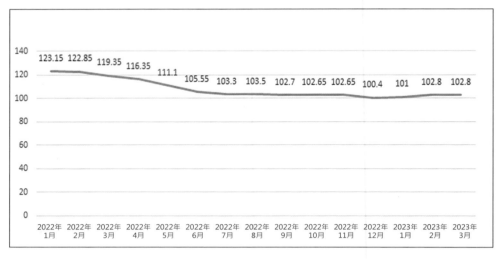

123.15 122.85 119.35 116.35 111.1 105.55 103.3 103.5 102.7 102.65 102.65 100.4 101 102.8 102.8

資料來源：台灣經濟研究院及作者整理

4. 住展風向球：

　　住展雜誌每個月公布代表北台灣新建案概況風向球，調查的對象為新屋及預售屋，但不包括中古屋，風向球所構成的項目分別為預售屋推案量、新成屋戶數、待售建案個數、議價率、來客組數及成交組數。

　　平均地權條例修法通過後，從 2022 年到 2023 年預售屋成交量只剩下三成左右，故房價已經逐漸溫和往下走，我們可以參考代表北台灣新建案市場概況的「住展風向球」，下表 2023 年 3 月分數上升至 48.1 分，較 2 月分數增加 6 分，對應燈號仍然維持綠燈；和 2022 年同期分數相比，分數減少了 0.6 分，但整體市場買氣平淡，另外在風向球六大構成項目呈現「三升、二平、一降」，其中預售屋推案量、新成屋戶數、來客組數分數上升，議價率、成交組數分數持平，待售建案個數分數相對下滑。

表 9：2022 年 3 月至 2023 年 3 月住展風向球 6 大指標

時間	預售推案量	新成屋戶數	待售建案個數	議價率	來客組數	成交組數	總分	燈號
2022 年 3 月	9.81	4.53	9.93	7.86	8.59	7.98	48.7	●
2022 年 4 月	7.26	3.60	11.28	8.21	7.11	7.98	45.4	●
2022 年 5 月	5.80	5.77	11.28	8.21	7.11	7.51	45.7	●
2022 年 6 月	6.53	3.60	11.28	8.55	7.11	6.57	43.6	●
2022 年 7 月	10.90	6.08	11.28	8.55	7.48	7.51	51.8	●
2022 年 8 月	7.99	4.53	10.83	8.89	6.37	7.04	45.7	●
2022 年 9 月	8.35	4.22	10.83	8.89	6.74	7.04	46.1	●
2022 年 10 月	6.90	3.60	10.83	8.89	6.37	5.63	42.2	●
2022 年 11 月	8.72	3.60	10.38	8.89	5.26	4.69	41.5	◗
2022 年 12 月	10.90	3.91	10.38	8.89	5.63	7.04	46.8	●
2023 年 1 月	6.90	4.53	10.38	8.55	5.26	7.04	42.7	●
2023 年 2 月	5.80	3.60	9.93	8.55	6.74	7.51	42.1	●
2023 年 3 月	10.90	4.22	9.48	8.55	7.48	7.51	48.1	●

資料來源：住展雜誌住展風向球

1. 預售推案量：

　　係指建設公司推出的新屋量，推出方式可以分為（1）先建後售和（2）預售兩種。分析個別建設公司業績，推案量和銷售率是重要的觀察指標，過去推案而未賣完的餘屋也是入帳來源，預售屋一向是房市景氣的領先指標，預售推案量的多寡代表著建商推案的強度與信心度。

2. 新成屋戶數：

　　新成屋推案量的多寡，則可看出餘屋賣壓是否出籠，對各區域的房價是否會因賣壓出現，新成屋戶數成長，代表業者對於未來房市景氣看好。

　　新成屋 > 預售屋：房市好，大部分案子在預售階段就會銷售完成，很少會留到新成屋才賣，所以當新成屋的交易量 > 預售屋交易量時，此時就會有房價下跌的鬆動了。

3. 待售建案個數：

　　待售建案數量是房市重大指標之一，其數量的增減，往往代表房市景氣的好壞，若待售建案個數多，表示建商期待推案，因為表示看好未來房市。

4. 議價率：

　　若隨著景氣及房地產下行逐漸擴大，議價空間也逐漸會由 10 至 15% 提高到 10 至 20%，其中尤其是推案量大但銷售率差的建案，或是蛋黃區和蛋白區的差距，相信議價空間必然會逐漸擴大，住展風向球的議價空間小，則表示議價率分數是愈大，顯示房市景氣相對轉佳，建商的態度拉高，不願意將房價放低求售。

5. 來客組數：

來客組數多，代表購屋者對於房市看好，所以紛紛到房屋現場了解及進行買賣動作，因此來客組數多，其房市風向球分數高。

6. 成交組數：

成交組數高，代表購屋者對於房市看好，所以馬上購買房子，並予以成交，因此成交組數多，其房市風向球分數高。

在住展風向球的分數上、對照燈號及燈號意義上說明如下：

1、32 分以下（燈號為藍燈）：燈號的意義為「谷底衰退」，代表房市景氣非常不好，房市及房價將加速探底，房價是個非常好的買點，房價在絕對低點，要馬上進場。

2、33 分~42 分（燈號為黃藍燈）：燈號意義「衰退注意」，代表房市逐步出現景氣衰退的現象，房價目前在相對的低點上，此時建議讀者若是買屋者，是可以買進房子進場的好時機了。

3、43 分~52 分（燈號為綠燈）：燈號的意義為「復甦安全」，代表房市沒有過熱也沒有衰退的市況，買屋者可以在這個期間安心的購買您的房子。

4、53 分~61 分（燈號為黃紅燈）：燈號的意義為「熱絡注意」，代表房市景氣已經有點過熱，及已到了買屋者必需暫退場或是投資客賣掉獲利。

5、62 分以上（燈號為紅燈）：燈號的意義為「過熱警告」，代表房市市場現在過熱，已到了買屋者馬上退場及投資客馬上賣掉獲利。

表 10：住展風向球分數對照燈及房市觀察動向

風向球總分	燈號	房市動向	房價狀態
32 分以下	藍燈	谷底衰退	絕對低點
33 分 ~42 分	黃藍燈	衰退注意	相對低點
43 分 ~52 分	綠燈	復甦安全	不高不低
53 分 ~61 分	黃紅燈	熱絡注意	相對高點
62 分以上	紅燈	過熱警告	絕對高點

資料來源：住展雜誌住展風向球及作者整理

表 11：住展風向球 6 項指標意義及房市動向

風向球指標	市場供給 / 市場需求	指標狀態	指標分數
預售推案量	市場供給 / 建商	多	高
新成屋戶數	市場供給 / 建商	多	高
待售建案個數	市場供給 / 建商	多	高
議價率	市場需求 / 購屋者	高	（低）
來客組數	市場需求 / 購屋者	高	高
成交組數	市場需求 / 購屋者	高	高

資料來源：住展雜誌住展風向球及作者整理

　　從表 11 可以了解住展風向球指標的定義及指標所呈現的狀態，並從表 10 風向球所提供的燈號，以提供投資人買房的建議。

🏠 從房地產買賣及貸款金額了解房地產的景氣

> 建築貸款餘額可以了解建商推案的信心，是領先指標，從全國房地產買賣移轉棟數、房貸餘額及新承作房貸金額，則都是落後指標。

1. 不動產買賣移轉棟數：

「不動產交易」為主要房屋買賣移轉的方式，也是代表著房市的熱絡程度，因此買賣移轉棟數一直是不動產市場最關心的指標，尤其是六都買賣移轉棟數，因此不動產交易移轉數量多顯示房市熱絡，相反的，不動產交易移轉數量減少顯示為房市冷清，讀者可從表 12 可知近 10 年來政策性的影響，及如何影響買賣移轉棟數的走勢，另表 13 及表 14 更可發現六都在近 1 年各月份的趨勢變化，及近 10 年來六都在政策性的影響下，六都在買賣移轉棟數的交易狀況。

表 12：2016 至 2021 年全國買賣移轉棟數

時間	2016 年	2017 年	2018 年	2019 年	2020 年	2021 年
棟數	245,396	266,086	277,967	300,275	326,589	348,194
事件	房地合一稅	台商回流	開始升息	中美交惡	新冠肺炎中美貿易戰	央行打房合一稅 2.0

資料來源：內政部及作者整理

表 13：2022 年 3 月至 2023 年 3 月六都買賣移轉棟數

年度 / 地區	台北市	新北市	桃園市	台中市	台南市	高雄市
2023/03	2,255	5,539	3,395	4,047	2,181	3,443
2023/02	1,865	4,387	2,250	3,232	1,472	2,611
2023/01	1,557	2,595	2545	2,666	1,279	1,971
2022/12	2,117	4,988	3938	4,924	1,749	2,761
2022/11	1,999	4,238	3724	4,286	1,610	2,708
2022/10	1,926	3,851	3066	4,069	1,621	2,583
2022/09	1,958	4,120	3663	4,098	1,757	2,762
2022/08	2,236	44,68	3482	4,027	2,017	2,925
2022/07	2,273	4,697	3539	3,452	1,836	2,680
2022/06	2,452	5,394	3665	4,191	2,244	3,358
2022/05	3,068	5,721	3833	4,338	2,233	3,648
2022/04	2,747	6,113	3687	4,570	1,933	3,389
2022/03	3,200	6,406	4230	4,953	2,426	4,042

資料來源：內政部及作者整理

表 14：2013 至 2022 六都買賣移轉棟數

年份	台北	新北	桃園	台中	台南	高雄	總和
2013	39496	80601	50870	53695	23263	43755	291680
2014	32023	60521	43662	47887	20137	38815	243045
2015	29904	50447	38123	44247	21096	34845	218662
2016	21500	42785	37432	32753	16556	31279	182305
2017	23447	52002	35611	39332	19495	33975	203862
2018	26844	56673	34580	39804	21016	33275	212192
2019	27743	60035	40359	43438	23181	37250	232006
2020	31180	63346	45712	48623	23044	38270	250175
2021	30901	68295	46823	49990	26752	44897	267658
2022	28611	60184	44198	50972	23091	37117	244173
總計	291649	594889	417370	450741	217631	373478	

資料來源：內政部及作者整理

圖 10：2016 至 2022 年全國買賣移轉棟數

資料來源：內政部及作者整理

圖 11：2013~2022 年六都買賣移轉棟數的走勢

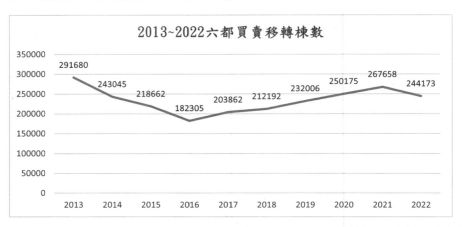

資料來源：內政部及作者整理

　　從圖 10 可以了解，從 2016 年以來全國買賣移轉棟數的走勢，以利投資人了解房市現況是屬於多頭還是空頭，並從圖 11 更深入了解六都 2013 年來的走勢。

2. 建築貸款餘額：

中央銀行每月 25 號左右，會公布上個月各銀行用於建商推案時需要的建築融資，由於貸款餘額主要受到房市景氣及利率影響。房市熱絡，建商有信心推案及申請營運週轉金，房貸餘額增加快；相反的若房市冷清，房貸餘額增加緩慢，可參考表 15 及圖 12。

表 15：建築貸款金額及年增率

年月底	建築貸款	年增率（當年度月份 / 上年度月份）
2022/03	2,885,684	13.64%
2022/04	2,899,608	13.30%
2022/05	2,925,680	13.31%
2022/06	2,958,045	12.86%
2022/07	2,988,731	12.53%
2022/08	3,004,608	12.00%
2022/09	3,027,250	12.04%
2022/10	3,057,827	12.18%
2022/11	3,083,842	11.99%
2022/12	3,097,898	10.31%
2023/01	3,121,254	10.19%
2023/02	3,139,628	9.91%
2023/03	3,150,306	9.17%

資料來源：中央銀行

圖 12：建商建築貸款年增率

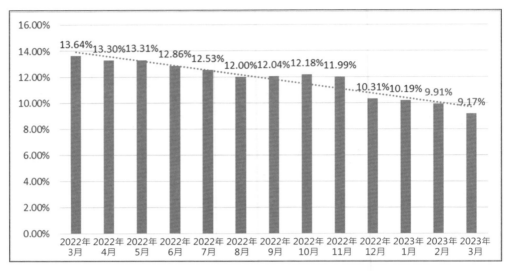

資料來源：中央銀行及作者整理

截至 2023 年 3 月底，建築貸款餘額為 3 兆 1506 億元，月增 106.78 億元，年增率續降至 9.17%（參考表 15），2 月年增率為 9.91%，除年增率創 2020 年 1 月年增率 12.74% 從雙位數降為個位數外，年增率已經回復到 2016 年至 2019 年（參考表 16 至表 22）之年增率低迷中，近來政府房地產政策（平均地權條例）、央行升息（升了 3 碼）、及建材價格不斷上漲等因素影響下，導致建商推案態度轉為保守，從表 16 可發現，在 2016 年房地合一稅實施以來，建商建築貸款為先前房市 6 年來最慘，因為象徵房市上游的建築貸款餘額年增率為 -0.66%（2016 年 1 月），不僅年增率連 7 降，更是 2010 年 3 月來近 6 年來再度轉為負成長，可參考如下表。

表 16：2016 年建築貸款年增率

2016 年	1 月	2 月	3 月	4 月	5 月	6 月
年增率	-0.66%	-0.67%	-0.86%	-1.09%	-2.05%	-2.77%
2016 年	7 月	8 月	9 月	10 月	11 月	12 月
年增率	-1.90%	-1.62%	-1.77%	-0.60%	-0.17%	2.50%

表 17：2017 年建築貸款年增率

2017 年	1 月	2 月	3 月	4 月	5 月	6 月
年增率	2.46%	2.56%	2.11%	2.43%	2.89%	3.38%
2017 年	7 月	8 月	9 月	10 月	11 月	12 月
年增率	3.08%	3.31%	4.14%	3.80%	4.13%	5.46%

表 18：2018 年建築貸款年增率

2018 年	1 月	2 月	3 月	4 月	5 月	6 月
年增率	4.99%	4.55%	4.48%	5.37%	5.52%	6.24%
2018 年	7 月	8 月	9 月	10 月	11 月	12 月
年增率	6.21%	5.93%	6.29%	6.53%	7.05%	6.89%

表 19：2019 年建築貸款年增率

2019 年	1 月	2 月	3 月	4 月	5 月	6 月
年增率	2.46%	2.56%	2.11%	2.43%	2.89%	3.38%
2019 年	7 月	8 月	9 月	10 月	11 月	12 月
年增率	3.08%	3.31%	4.14%	3.80%	4.13%	5.46%

表 20：2020 年建築貸款年增率

2020 年	1 月	2 月	3 月	4 月	5 月	6 月
年增率	12.74%	14.14%	14.29%	14.24%	14.77%	15.00%
2020 年	7 月	8 月	9 月	10 月	11 月	12 月
年增率	15.45%	15.49%	16.11%	16.12%	16.90%	17.52%

表 21：2021 年建築貸款年增率

2021 年	1 月	2 月	3 月	4 月	5 月	6 月
年增率	18.70%	18.18%	17.79%	17.45%	16.90%	16.68%
2021 年	7 月	8 月	9 月	10 月	11 月	12 月
年增率	17.06%	16.98%	16.29%	15.25%	14.25%	14.11%

表 22：2022 年建築貸款年增率

2022 年	1 月	2 月	3 月	4 月	5 月	6 月
年增率	13.41%	13.59%	13.64%	13.30%	13.31%	12.86%
2022 年	7 月	8 月	9 月	10 月	11 月	12 月
年增率	12.53%	12.00%	12.04%	12.18%	11.99%	10.31%

3、消費者購置住宅貸款餘額：

中央銀行每月 25 號左右，會公布上個月各銀行用於購置住宅的消費者貸款時所需要的融資，由於貸款餘額主要受到房市景氣及利率影響。房市熱絡，消費者有信心買房，所以房貸餘額會增加快；相反的若房市冷清，房貸餘額會增加緩慢。

表 23：消費者購置住宅貸款餘額及年增率

年月底	住宅貸款	年增率（當年度月份／上年度月份）
2022/03	8,961,316	9.45%
2022/04	9,021,752	9.39%
2022/05	9,090,648	9.20%
2022/06	9,140,607	8.73%
2022/07	9,182,490	8.64%
2022/08	9,207,541	8.54%
2022/09	9,242,675	8.17%
2022/10	9,269,381	7.60%
2022/11	9,320,427	7.14%
2022/12	9,377,342	6.52%
2023/01	9,366,454	5.61%
2023/02	9,388,074	5.54%
2023/03	9,414,921	5.06%

圖 13：消費者住宅貸款年增率

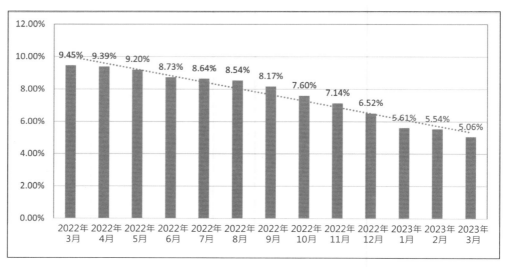

資料來源：中央銀行及作者整理

　　截至 2023 年 3 月底，辦理購置住宅貸款餘額達新台幣為 9 兆 4149 億元，月增 268.47 億元，年增率續降至 5.06%（參考表 23），前個月年增率為 5.54%，此年增率已從 2021 年 7 月年增率 10.20% 從雙位數降為個位數外，近來政府房地產政策（平均地權條例）下及央行升息（升了 3 碼）狀況下，導致購屋者趨於保守，以致於消費者住宅貸款年增率持續下滑。

　　在表 29 中可發現，2021 年 6 月住宅貸款年增率為 10.42% 及 7 月住宅貸款年增率為 10.20%，其餘月份住宅貸款年增率也在 9% 至 10% 之間，顯見 2021 年度房市近年來最熱絡的 1 年，但從表 30 也發現，在 2022 年 12 月住宅貸款年增率僅為 6.52%，開始慢慢步入 2016 年房地合一稅推動時衰退期（2016 年 1 月住宅貸款年增率為 4.50%），讀者可參考表 24。

表 24：2016 年住宅貸款年增率

2016 年	1 月	2 月	3 月	4 月	5 月	6 月
年增率	4.50%	4.28%	4.15%	4.18%	4.37%	4.61%
2016 年	7 月	8 月	9 月	10 月	11 月	12 月
年增率	4.74%	4.73%	5.01%	5.01%	4.93%	3.80%

表 25：2017 年住宅貸款年增率

2017 年	1 月	2 月	3 月	4 月	5 月	6 月
年增率	4.01%	4.18%	4.49%	4.59%	4.52%	4.57%
2017 年	7 月	8 月	9 月	10 月	11 月	12 月
年增率	4.44%	4.57%	4.45%	4.38%	4.51%	4.44%

表 26：2018 年住宅貸款年增率

2018 年	1 月	2 月	3 月	4 月	5 月	6 月
年增率	4.55%	4.66%	4.71%	4.63%	4.75%	4.65%
2018 年	7 月	8 月	9 月	10 月	11 月	12 月
年增率	4.77%	4.70%	4.79%	5.03%	5.01%	4.96%

表 27：2019 年住宅貸款年增率

2019 年	1 月	2 月	3 月	4 月	5 月	6 月
年增率	4.82%	4.89%	4.87%	5.03%	5.16%	5.29%
2019 年	7 月	8 月	9 月	10 月	11 月	12 月
年增率	5.60%	5.60%	5.61%	5.82%	5.97%	6.24%

表 28：2020 年住宅貸款年增率

2020 年	1 月	2 月	3 月	4 月	5 月	6 月
年增率	6.15%	6.45%	6.67%	6.73%	6.60%	6.59%
2020 年	7 月	8 月	9 月	10 月	11 月	12 月
年增率	6.54%	7.18%	7.65%	7.80%	8.06%	8.50%

表 29：2021 年住宅貸款年增率

2021 年	1 月	2 月	3 月	4 月	5 月	6 月
年增率	9.17%	9.07%	9.25%	9.51%	9.99%	10.42%
2021 年	7 月	8 月	9 月	10 月	11 月	12 月
年增率	10.20%	9.64%	9.38%	9.37%	9.44%	9.46%

表 30：2022 年住宅貸款年增率

2022 年	1 月	2 月	3 月	4 月	5 月	6 月
年增率	9.42%	9.39%	9.45%	9.39%	9.20%	8.73%
2022 年	7 月	8 月	9 月	10 月	11 月	12 月
年增率	8.64%	8.54%	8.17%	7.60%	7.14%	6.52%

圖 14：2002 至 2022 年建築融資及購屋貸款年增率

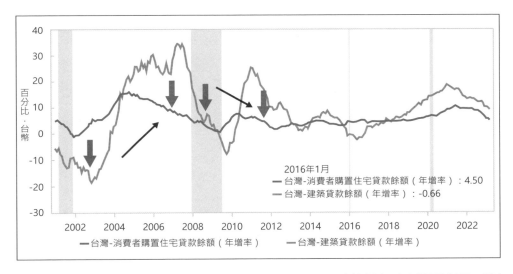

資料來源：中央銀行及財經 M 平方

　　從圖 14 可發現當建築融資（紅色箭頭）下跌後，購屋貸款融資經過 2 至 4 年後也開始下跌（藍色箭頭），因為從建商開始申請建照到申請使用執照客戶交屋後，時間也大約 2 至 4 年，所以建築融資是個領先指標，購屋貸款是落後指標。

4. 新承作房貸金額為統計五大行庫（台銀、土銀、華銀、一銀及合庫銀）：

為中央銀行統計五大行庫（台銀、合庫銀、土銀、華銀及一銀）每月新承作房屋貸款金額，並於每月月底公布，新承作房屋貸款金額可反映民眾購屋意願及銀行承作房貸的意願程度，因此新承作金額高，代表房市熱絡；反之代表房市冷清（表 31 及圖 15）。

表 31：五大行庫新承作房貸金額年增率

年月底	住宅貸款	年增率（當年度月份／上年度月份）
2022/04	61,478	9.40%
2022/05	68,581	3.98%
2022/06	60,698	-9.02%
2022/07	55,893	11.04%
2022/08	50,652	16.44%
2022/09	54,721	-1.50%
2022/10	47,272	-24.91%
2022/11	60,130	-16.38%
2022/12	64,495	-22.31%
2023/01	36,954	-46.34%
2023/02	46,265	13.00%
2023/03	58,375	-20.57%

資料來源：中央銀行及作者整理

圖 15：五大行庫新承作房貸金額年增率

表 32：五大行庫 2016 年承作金額及年增率　　　　　　單位：百萬元

2016 年	1 月	2 月	3 月	4 月	5 月	6 月
承作金額	36,831	21,696	34,677	35,809	41,297	39,209
年增率	15.24%	-9.78%	7.85%	15.71%	26.78%	15.61%
2016 年	7 月	8 月	9 月	10 月	11 月	12 月
承作金額	40,492	33,820	36,111	34,792	36,302	44,652
年增率	14.46%	4.56%	13.76%	-5.70%	-4.56%	-48.3%
平均承作金額	36,307		平均年增率		3.80%	

表 33：五大行庫 2017 年承作金額及年增率　　　　　　　單位：百萬元

2017 年	1 月	2 月	3 月	4 月	5 月	6 月
承作金額	35,096	23,118	36,885	29,338	34,366	46,737
年增率	-4.71%	6.55%	6.37%	-18.07%	-16.78%	19.20%
2017 年	7 月	8 月	9 月	10 月	11 月	12 月
承作金額	38,880	42,563	39,956	37,794	48,095	48,572
年增率	-3.98%	25.85%	10.65%	8.63%	32.49%	8.78%
平均承作金額	38,450		平均年增率		6.24%	

資料來源：中央銀行及作者整理

表 34：五大行庫 2018 年承作金額及年增率　　　　　　　單位：百萬元

2018 年	1 月	2 月	3 月	4 月	5 月	6 月
承作金額	47,582	28,812	44,536	34,098	44,863	41,339
年增率	35.58%	24.63%	20.74%	16.22%	30.54%	-11.55%
2018 年	7 月	8 月	9 月	10 月	11 月	12 月
承作金額	41,150	36,850	38,680	46,074	44,236	45,916
年增率	5.84%	-13.42%	-3.19%	21.91%	-8.02%	-5.47%
平均承作金額	41,178		平均年增率		9.48%	

資料來源：中央銀行及作者整理

表 35：五大行庫 2019 年承作金額及年增率　　　　　　　單位：百萬元

2019 年	1 月	2 月	3 月	4 月	5 月	6 月
承作金額	49,483	34,565	46,482	47,635	52,379	48,384
年增率	4.00%	19.97%	4.37%	39.7%	16.75%	17.04%
2019 年	7 月	8 月	9 月	10 月	11 月	12 月
承作金額	63,709	38,386	45,702	55,108	50,313	60,407
年增率	54.82%	4.17%	18.15%	19.61%	13.74%	31.56%
平均承作金額		49,379		平均年增率		20.32%

資料來源：中央銀行及作者整理

表 36：五大行庫 2020 年承作金額及年增率　　　　　　　單位：百萬元

2020 年	1 月	2 月	3 月	4 月	5 月	6 月
承作金額	38,263	46,350	53,686	49,325	44,277	52,472
年增率	-22.67%	34.10%	15.50%	3.55%	-15.47%	8.45%
2020 年	7 月	8 月	9 月	10 月	11 月	12 月
承作金額	54,753	57,490	55,346	5,1244	57,954	6,8337
年增率	-14.06%	49.77%	21.10%	-7.01%	15.19%	13.13%
平均承作金額		52,458		平均年增率		8.47%

資料來源：中央銀行及作者整理

表 37：五大行庫 2021 年承作金額及年增率　　　　　　單位：百萬元

2021 年	1 月	2 月	3 月	4 月	5 月	6 月
承作金額	58,071	37,718	56,883	56,195	65,959	66,718
年增率	51.77%	-18.62%	5.96%	13.93%	48.97%	27.15%
2021 年	7 月	8 月	9 月	10 月	11 月	12 月
承作金額	50,334	43,501	55,552	62,956	71,906	83,021
年增率	-8.07%	-24.33%	0.37%	22.86%	24.07%	21.49%
平均承作金額	59,067		平均年增率		13.80%	

資料來源：中央銀行及作者整理

表 38：五大行庫 2022 年承作金額及年增率　　　　　　單位：百萬元

2022 年	1 月	2 月	3 月	4 月	5 月	6 月
承作金額	68,861	40,943	73,488	61,478	68,581	60,698
年增率	18.58%	8.55%	29.19%	9.40%	3.98%	-9.02%
2022 年	7 月	8 月	9 月	10 月	11 月	12 月
承作金額	55,893	50,652	54,721	47,272	60,130	64,495
年增率	11.04%	16.44%	-1.50%	-24.91%	-16.38%	-22.31%
平均承作金額	58,934		平均年增率		1.92%	

資料來源：中央銀行及作者整理

表 39：五大行庫 2023 年 1 至 3 月承作金額及年增率　　　　單位：百萬元

2023 年	1 月	2 月	3 月
承作金額	36,954	46265	58375
年增率	-46.34%	13.00%	-20.57
平均承作金額	47198	平均年增率	-17.97%

資料來源：中央銀行及作者整理

圖 16：五大行庫 2016 至 2023 年承作金額趨勢圖

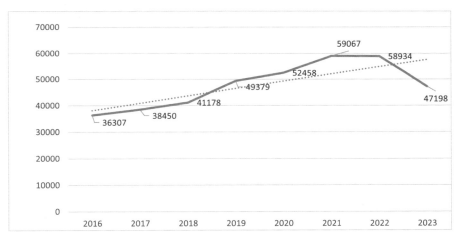

資料來源：中央銀行及作者整理

圖 17：五大行庫 2016 至 2023 年平均年增率趨勢圖

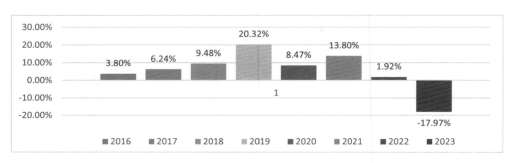

資料來源：中央銀行及作者整理

　　從圖 16 可以發現，五大行庫承作金額的趨勢圖及圖 17 五大行庫平均年增率趨勢圖，從 2022 年起開始逐漸降低。

🏠 檢視銀行業對於不動產走向的看法

> 檢視銀行不動產貸款佔總放款比率，可以看出銀行業對於不動產的趨勢。

1. 全體銀行不動產貸款占總放款：

　　央行除緊盯受管制的貸款成數與利率變化，也訂定許多法令規定（如平均地權條例等），故至 2023 年 3 月，全體銀行不動產貸款占總放款已降為 36.84%，參考圖 18。

（1）全體銀行＝本國銀行＋外國及大陸銀行在台分行
（2）不動產貸款＝購置住宅貸款＋房屋修繕貸款＋建築貸款
（3）資料來源：金融統計月報

圖 18：全體銀行不動產貸款占總放款（％）

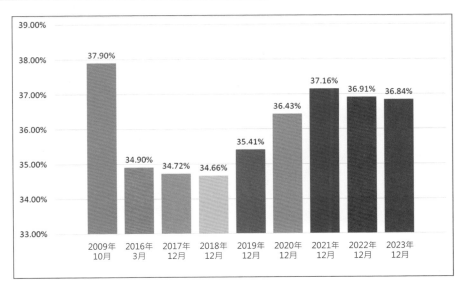

資料來源：中央銀行及作者整理

2. 住宅建築及企業建築放款總額，不得超過放款時所收存款總餘額及金融債券發售額的 30%：

即銀行法第 72 條之 2 規定，若商業銀行辦理住宅建築及企業建築放款總額，不得超過放款時所收存款總餘額及金融債券發售額的 3 成，俗稱銀行不動產放款天條，若比率達警戒水位，央行會嚴格控管該銀行不動產放款，所以銀行會自行設定更嚴格的內部要求，多數銀行會視 28% 以上為警戒區。

圖 19：銀行住宅及企業放款總額佔存款總餘額及金融債券發售額比率

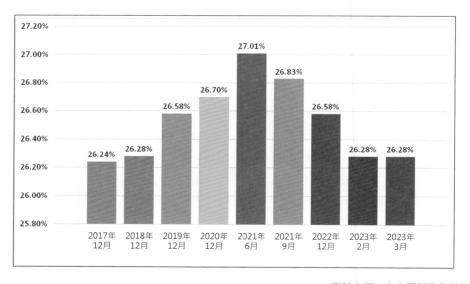

資料來源：中央銀行及作者整理

從銀行法 72 條之 2 定義，商業銀行辦理住宅建築及企業建築放款總額，不得超過放款時所收存款總餘額及金融債券發售額的 3 成，2023 年 3 月整體銀行房貸餘額占存款與金融債的比率約 26.28%（參考圖 19），顯見中央銀行打炒房已收成效及房貸集中情形已見改善。

🏠 評估房價高低

> 從房價租金比（房屋總價除以年租金）、房價的所得比（房屋總價除以年所得）、房貸的負擔率，都足以評估房價是否過高。

1. 房價租金比：

房價租金比又稱為房屋租售比，是指在相同的時、空內，同一類別房屋租賃價格與出售價格間的比值，另外房價租金比的倒數，就稱為投資報酬率，並且房價租金比的比率越高，代表回收時間越長。房價的飆漲導致部分自住買房族轉往租屋市場觀望，而租金的持續成長顯示了租屋市場的需求。

對於買房者來說，透過租金報酬率可以算出現階段的房價是否合理，通常而言，合理的租金報酬率至少要有 3% 以上（現階段貸款利率最低為 2.06%），根據屋比房屋的統計資料，以北部區域而言，台北市租金收益率為 2.3%、新北市約 2.5%、桃園市則為 2.7% 及壽險業 2022 年平均租金報酬率為 2.22%，根據主計總處統計，租金類的房租指數最新 2023 年 4 月為 103.38，指數再創歷史新高，另提供下表 2016 年至 2023 年（表 41~48）的房租指數。

提供表 40 租金報酬率給予讀者投資不動產的建議。

表 40：租金報酬率解讀

租金報酬	2% 以下	2%~3%	3%~4%	4%~5%	5%~
接受程度	不可接受	勉強接受	合理接受	樂於接受	非常接受

資料來源：作者整理

表 41：2016 年房租指數

2016 年	1 月	2 月	3 月	4 月	5 月	6 月
房租指數	96.37	96.37	96.40	95.70	95.71	97.15
2016 年	7 月	8 月	9 月	10 月	11 月	12 月
房租指數	97.21	97.21	97.28	96.08	96.13	96.13

資料來源：行政院主計總處及作者整理（2016 年租金指數為 96.48）

表 42：2017 年房租指數

2017 年	1 月	2 月	3 月	4 月	5 月	6 月
房租指數	96.38	96.43	96.59	95.62	96.65	98.07
2017 年	7 月	8 月	9 月	10 月	11 月	12 月
房租指數	98.08	98.27	98.46	97.32	97.41	97.40

資料來源：行政院主計總處及作者整理（2017 年租金指數為 97.31）

表 43：2018 年房租指數

2018 年	1 月	2 月	3 月	4 月	5 月	6 月
房租指數	97.38	97.46	97.52	97.59	97.76	98.98
2018 年	7 月	8 月	9 月	10 月	11 月	12 月
房租指數	99.00	99.08	99.21	98.17	98.14	98.10

資料來源：行政院主計總處及作者整理（2018 年租金指數為 98.20）

表 44：2019 年房租指數

2019 年	1 月	2 月	3 月	4 月	5 月	6 月
房租指數	98.02	98.29	98.40	98.50	98.63	99.62
2019 年	7 月	8 月	9 月	10 月	11 月	12 月
房租指數	99.55	99.54	99.57	98.50	98.49	98.56

資料來源：行政院主計總處及作者整理 （2019 年租金指數為 98.81）

表 45：2020 年房租指數

2020 年	1 月	2 月	3 月	4 月	5 月	6 月
房租指數	98.76	98.76	98.82	98.63	98.63	99.74
2020 年	7 月	8 月	9 月	10 月	11 月	12 月
房租指數	99.69	99.76	99.76	98.78	98.83	98.94

資料來源：行政院主計總處及作者整理 （2020 年租金指數為 99.09）

表 46：2021 年房租指數

2021 年	1 月	2 月	3 月	4 月	5 月	6 月
房租指數	99.04	99.38	99.52	99.52	99.57	99.64
2021 年	7 月	8 月	9 月	10 月	11 月	12 月
房租指數	100.21	100.99	101.04	100.21	100.41	100.46

資料來源：行政院主計總處及作者整理 （2021 年租金指數為 100.00）

表 47：2022 年房租指數

2022 年	1 月	2 月	3 月	4 月	5 月	6 月
房租指數	100.74	100.76	101.07	101.30	101.57	102.98
2022 年	7 月	8 月	9 月	10 月	11 月	12 月
房租指數	103.25	103.48	103.63	102.64	102.76	102.88

資料來源：行政院主計總處及作者整理（2022 年租金指數為 102.26）

表 48：2023 年 1 至 4 月房租指數

2023 年	1 月	2 月	3 月	4 月	5 月	6 月
房租指數	102.99	103.09	103.25	103.38	截至 2023 年 4 月底	

資料來源：行政院主計總處及作者整理

圖 20：2016 至 2022 年房租指數走勢

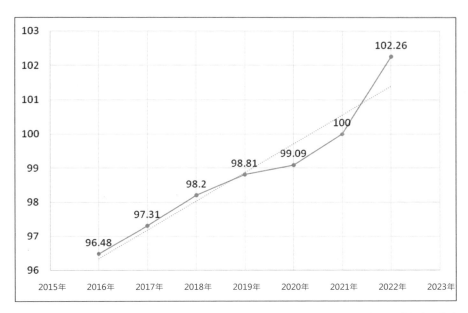

資料來源：行政院主計總處及作者整理

　　從圖 20 可以發現，2016 年至 2022 年房租指數一路上漲。

表 49：2016 至 2022 年區域別 CPI 房租指數年增率

時間 / 區域	全國	北部	中部	南部	東部
2016 年	0.82	0.82	0.74	0.82	1.17
2017 年	0.92	1.01	0.92	0.75	0.75
2018 年	0.86	0.75	1.19	0.88	0.84
2019 年	0.90	0.91	1.10	0.80	0.81
2020 年	0.90	0.92	0.78	1.01	0.77
2021 年	0.83	0.72	0.84	1.16	0.66
2022 年	1.68	1.63	1.52	2.05	1.56

資料來源：行政院主計總處及作者整理

表 50：2023 年 1 至 4 月區域別 CPI 房租指數年增率

2023 年	全國	北部	中部	南部	東部
1 月	2.39	2.15	2.57	3.09	1.65
2 月	2.33	2.08	2.67	2.93	1.75
3 月	2.32	2.14	2.58	2.77	1.62
4 月	2.19	1.97	2.64	2.58	1.68

資料來源：行政院主計總處及作者整理

從表 48 發現，全國及各區域物價、租金走揚，根據主計總處統計資料看出，2023 年 4 月房租類指數創歷史新高（103.38），全國及各區域年增率高達 2% 以上，尤其中部（2.64%）及南部（2.58%）更是屢創新高，所以租金報酬未來必須考慮通膨 2% 以上，另提供表 51 推估房價。

表 51：利用租金及投資報酬率推估合理的房價

租金報酬	2% 以下	2%~3%	3%~4%	4%~5%	5%~
房貸利率（2.06%） 1456.3 萬（最高）	不可接受	勉強接受	合理接受	樂於接受	非常接受
反推房價（萬）	1500 以上	1000~1500 須 <1456.3	750~1000	600~750	600 以下

註：貸款年利率是房價最高點，租金報酬率是房價低點

　　如何利用房屋租金推估目前的房價是否合理，其方法是找出購買該房子每個月的租金行情，並利用每個月租金乘上 12 個月算出總金額，再推估為未來租金後，可作為該房子的合理房價。假設新北市新店區 30 坪房屋（作者住新店屈尺），每月租金 25000 元，則年租金為 30 萬元，以 2% 租金報酬率推算，現行房貸利率最低為 2.06%，所以合理房屋總價約 1500 萬元（300,000÷2%=15,000,000），參考如上（表 51）。

　　房貸利率應該設為投資人買入房價最高點，租金報酬率設為買入房價最低點，視為投資人所接受的租金報酬，租金報酬率高相對就是想買房價低，由於近來通膨上升（租金指數上漲約 2%），所以未來房價必須考量通膨 2%，如此才是合理的租金報酬及房價。

2. 房價所得比：

　　房價所得比又稱為買房痛苦指數，計算方式為全國中位數住宅價格／中位數家戶可支配所得，可了解買房者需花多少年的可支配所得，才能買到一間中位數總價的住宅，房價所得比越高，表示民眾購屋壓力越大，相反的房價所得比越低，表示民眾購屋壓力較小。

　　國際上的標準認為房價所得比 3 至 4 倍為可合理負擔程度，5.1 倍以上為負擔壓力極度嚴重，國際標準分級如下表，內政部統計 2022 年第 4 季全國房價所得比跌至 9.61 倍，六都中以台北市最高，房價所得比 15.77 倍；其餘五都分別為新北市 12.68 倍、桃園市 7.83 倍、台中市 11.11 倍、台南市 9.36 倍、高雄市 9.25 倍（圖 22），都是列為國際標準認定負擔壓力極度嚴重的城市，六都中以桃園市負擔能力較低，最適合居住城市。

表 52：2016 年 Q4 至 2023 年 1 月台灣房價所得比

年	房價所得比
2016Q4	9.32
2017	12.90
2018	14.40
2019	28.90
2020	23.70
2021	23.60
2022	21.80
2023	20.10

資料來源：NUMBEO

圖 21：2016 至 2022 年台灣房價所得比

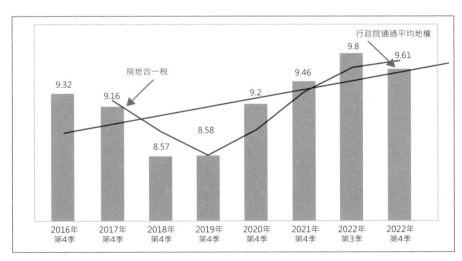

資料來源：內政部及作者整理

圖 22：2022 年 Q4 六都房價所得比

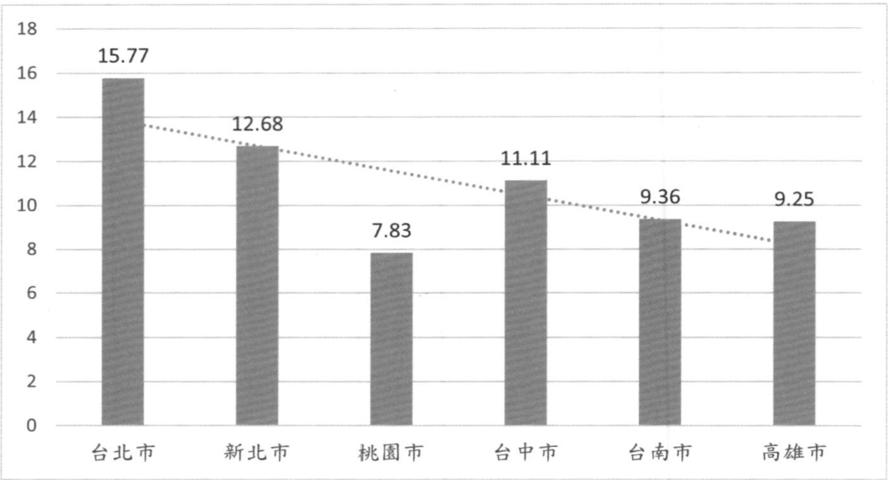

資料來源：內政部及作者整理

表 53：國際房價所得比標準分級

倍數	3 倍以下	3.1~4 倍	4.1~5 倍	5.1 倍以上
說明內容	可合理負擔	可勉強負擔	負擔壓力極重	負擔壓力極度嚴重
所得 300 萬可買房價	900 萬以下	900~1200 之間	1200~1500 之間	1500 萬以上

資料來源：作者整理

　　舉例來說，廖先生夫婦年薪共 300 萬元，他們同時考慮新北市新店區總價 3000 萬元的新成屋，以及同地段 1,500 萬元的 30 年中古華廈，如果他們買的是新成屋，房價所得比將高達 10 倍，明顯超過 4 倍一般水準，但他們若買中古華廈，房價所得比約 5 倍，較符合理想的生活水準，如上表 53，若落在國際房價所得比的分級上，其 4.1~5 倍的所得比上，房價應該落在 1,200 萬到 1,500 萬間。

3. 房貸的負擔率：

　　內政部地政司於 2012 年第 2 季（含）以前採用財團法人聯合徵信中心擔保品建估總價，2012 年第 3 季起採用不動產成交案件實際資訊申報登錄、財政部財稅資料中心個人綜合所得稅申報資料庫、中央銀行公布五大行庫新承做購屋貸款利率，以貸款成數 70%、本利均等攤還 20 年計算中位數房價貸款月攤還額，再以中位數房價貸款月攤還額除以家戶月可支配所得中位數得出，數值越大，房價負擔能力越低。

　　民眾近來受到購屋貸款利率不斷提高（房貸利率最低為 2.06%，首度超過 2%）及中位數住宅價格上升下，民眾薪資漲幅實在跟不上房價，所以購屋能力持續衰退。

表 54：房貸負擔率解讀

房貸負擔率	30% 以下	30%~40%（不含）	40%~50%（不含）	50% 以上
負擔程度	合理負擔	房貸負擔能力略低	房貸負擔能力偏低	房貸負擔能力偏低

資料來源：內政部及作者整理

　　參考表 54 及圖 23 之房貸負擔率所屬的區間，其負擔程度應該為何，希望提供讀者或是投資人在買房時所需要的考量。

圖 23：房貸負擔率圖示

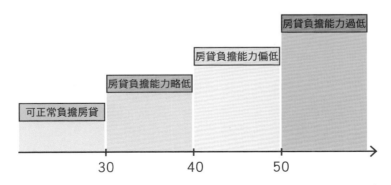

資料來源：內政部及作者整理

表55：全國及六都房貸負擔率

縣市/負擔率	2022Q4	2022Q3	2022Q2	2022Q1	2021Q4
全國	40.25%	40.55	39.62%	38.35%	37.83%
台北市	66.06%	67.07%	66.12%	64.91%	65.09%
新北市	53.10%	53.66%	52.41%	51.45%	50.02%
桃園市	32.81%	33.04%	32.01%	31.50%	31.76%
台中市	46.53%	46.96%	45.54%	45.08%	43.50%
台南市	39.22%	40.16%	38.26%	36.84%	35.99%
高雄市	38.76%	37.49%	38.17%	35.59%	34.07%

資料來源：內政部及作者整理

圖24：六都2022Q4房貸負擔率

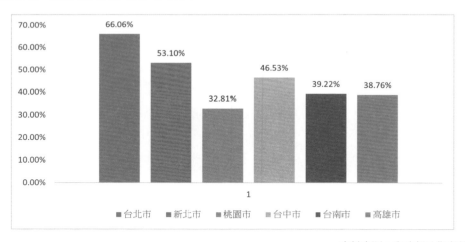

資料來源：內政部及作者整理

　　從表55及圖24中發現，2022年Q3中分析全國及六都房價的負擔能力上，其中全國房貸負擔率首度超過四成，六都中只有高雄市及桃園市房價負擔能力為「略低」等級，但是全國房貸負擔率因首度超過40%，所以房價負擔能力已經由「略低」再下降為「偏低」等級。

🏠 預售轉售、新建餘屋數增加，對房價的影響

> 當預售轉售數量增加，房價會下跌，當預售轉售數量減少，房價會上升。新建餘屋增加時，房價會下跌，當餘屋減少時，房價會上漲。二手屋待售存量增加時，房價會下跌，反之房價會上升。

1. 預售轉售：

由於《平均地權條例》修正案，對預售屋影響最大，永慶房產集團統計各大房屋買賣平台，發現 2021 年 12 月，全台預售屋轉售刊登量共 1 萬 6,074 件，而 2022 年 12 月激增 4 成，轉售件數高達 2 萬 2,658 件，另從元宏不動產加值服務平台統計發現，當《平均地權條例》修正案後通過，短短四個月全國及七大都會區受衝擊最大的預售屋產品，轉售賣壓激增。

從表 56 及圖 25 發現，不僅全國從 2022 年 9 月的 20,313 間至 2022 年 12 月的 22,987 間增加 2674 間，增幅達 13.2%，2023 年中全台預售轉售量高達近 2.3 萬間，並且 2021 年 12 月預售屋成交量為 12,342 件，但 2022 年 12 月預售屋成交量已降到 4,414 件了，可見平均地權條例修正案過後，房市不僅衝擊買氣外，且失去信心已經開始出現，相信未來量縮價跌的現象將會開始產生。

表 56：全國及七大都會區預售轉售增減比率

縣市	9月(1)	10月	11月	12月(2)	近四個月增減 (2)-(1)	近四個月比率
台北	577	579	575	639	62	10.7%
新北	2,040	2076	2110	2234	194	9.5%
桃園	1,311	1,375	1380	1690	379	28.9%
新竹	1707	1769	1778	1879	172	10.1%
台中	7329	7420	7471	8361	1032	14.1%
台南	1943	2023	2157	2437	494	24.4%
高雄	2534	2538	2543	2798	264	10.4%
全國	20,313	20,455	20,595	22987	2674	13.2%

資料來源：元宏不動產加值服務平台

圖 25：七大都會區預售轉售的比率

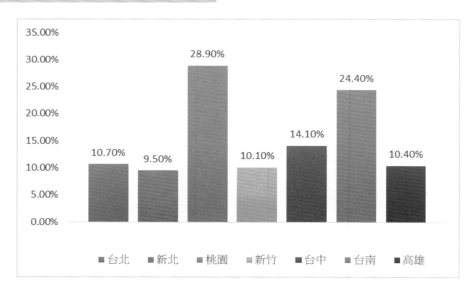

2. 新建餘屋數：

內政部主要將屋齡 5 年內、仍維持第 1 次登記且有銷售可能性的住宅，視為新建餘屋（待售屋）住宅。在看房市供給上，可將「預售屋」視為供貨狀況，「餘屋」視為存貨。

圖 26：2016Q2 至 2022Q2 新建餘屋待售數

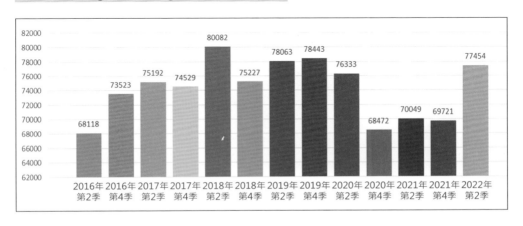

資料來源：內政部及作者整理

2022 年第 2 季為 7 萬 7,454 宅（參考圖 26），數量較上季增加 2,527 宅（+3.37%），較上年同季增加 7,405 宅（+10.57%）。在 2020 年 Q4 到 2021 年 Q4 間，數量大約在 68,000 至 70,000 之間，明顯數量下降的趨勢，但長期觀察，新建餘屋（待售）住宅數量自 2018 年第 2 季 8 萬餘宅達到近年高點後，呈緩步下降趨勢，但是 2022 年第 1 季及第 2 季數量都相對上季及上年同季增加，可看出新建餘屋數已經明顯在上升的趨勢了。

表 57：六都新建餘屋（待售）住宅統計

地區 時間	全國	台北	新北	桃園	台中	台南	高雄
2021Q2	70049	3846	15240	9334	9681	5615	8484
2021Q3	69877	3681	15568	9442	9541	5647	8428
2021Q4	69721	3649	15038	9820	9997	5937	7917
2022Q1	74927	3753	15764	11932	10951	6394	7381
2022Q2	77454	3912	16272	12650	11502	6605	7489
2022Q2- 2021Q2	7405	66	1032	3316	1821	990	-995
2022Q2- 2021Q2 增減幅(%)	10.57%	1.72%	6.77%	35.53%	18.81%	17.63%	-11.73%

資料來源：內政部及作者整理

圖 27：六都 **2021Q2** 到 **2022Q2** 新建餘屋增加的比率

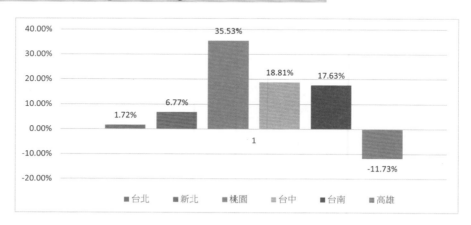

　　從表 57 及圖 27 發現，2022 年起新建餘屋待售突破了 7 萬宅，尤其 2023 年 Q2 為 77,454 宅，已經逐漸將突破 8 萬宅，按照目前的現狀下，2023 年 Q1 房市新建餘屋數突破 8 萬宅，另在六都新建餘屋（待售）住宅宅數中，除高雄市緩降外，其餘五都皆是增加中，其中又以桃園（35.63%）、台中（18.81%）及台南（17.63%）增加近兩成最高。

　　其實過去兩年中桃園、台中及台南等市，都是推案量較大的市，所以未來要投資桃園、台中及台南市的讀者，都必須考慮謹慎投資。

3. 二手屋待售：

　　二手屋即中古屋，為經過一次以上買賣或興建完後領取使用執照超過 3 年以上的房屋，待售存量指的是二手屋市場中未來有銷售可能性的住宅數量，可視作房市的庫存指標，二手屋待售的資料來源為樂居科技股份有限公司，資料整理來源為財經 M 平方。

　　樂居科技有限公司：樂居幾乎是目前所有人買房子都會用到的房價資訊網站，樂居所提供的服務相當簡單，就是房價搜尋，並不牽涉後續的交易事宜。樂居和比房網合作使用專業的爬蟲程式，把目前所有的售屋平台，包含：591、信義房屋、永慶房屋等 25 間上的銷售資訊抓取後做整合比對，將刊登在不同平台但相同戶別的進行合併，所以待售的房子雖然在不同平台銷售（如信義房屋及永慶房屋），但比對後會算出同一件的待售屋，因此可利用該網站了解七大都會區待售狀況。

圖 28：2016 年 12 月至 2022 年 12 月七大都會區二手屋待售數量

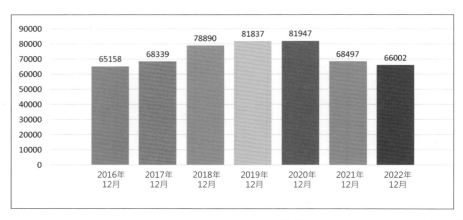

資料來源：財經 M 平方、樂居網及作者整理

圖 29：2022 年 1 月至 12 月七大都會區二手屋待售數量

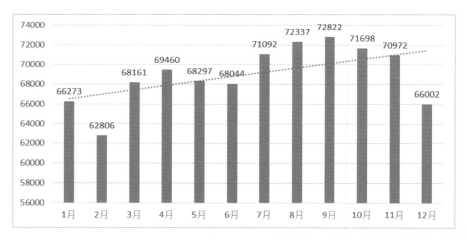

資料來源：財經 M 平方、樂居網及作者整理

　　從圖 28 及圖 29 發現，長期平均二手屋待售數量約 71000 至 72000 件，但從 2022 年 7 月起，二手屋待售數量已經突破 71000 件，故 2023 年二手屋待售數量將會突破 75000 件，甚至超越 80000 件以上。

圖 30：2019 年至 2022 年七大都會區推案量與去化量

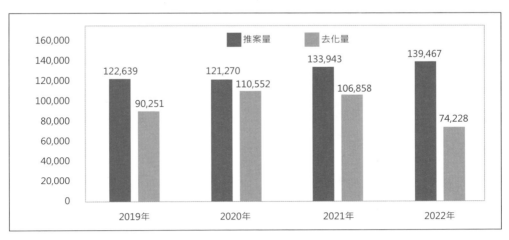

圖 31：2020 年 3 月至 2022 年 11 月七大都會區委售比

委售比	2020年3月	2022年5月	2022年11月
台中市	3.9%	2.7%	3.7%
桃園市	3.6%	1.7%	2.4%
大新竹	3.8%	1.7%	2.4%
高雄市	2.5%	1.4%	2.2%
台南市	2.6%	1.5%	1.9%
台北市	2.0%	1.5%	1.8%
新北市	2.3%	1.2%	1.5%

從圖 30 及圖 31 中發現，2022 年新案推案戶數有近 14 萬戶（包括預售屋及新屋），但去化只有 7.4 萬戶，其去化率約完成一半，另截至 2022 年 11 月底，委託售出比最高的都市為台中市（3.7%）、桃園市（2.4%）及大新竹（2.4%），代表為投資客比率最高的幾個都市區。

圖 32：2012 年至 2022 年預售屋及新成屋推案量

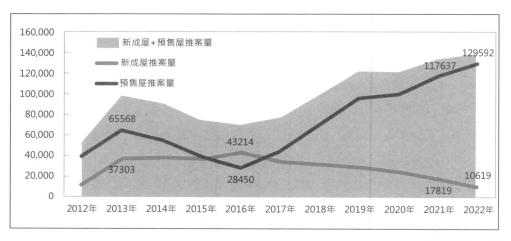

資料來源：樂居

從圖 32 中可以發現，2015 至 2017 年處於新屋推案量大於預售屋推案量，尤其是 2016 年（房地合一稅推動年）最為明顯，所以當新屋推案量大於預售屋推案量時，代表（1）預售推案量不好，必須經過幾年後完工再新屋推案，（2）原物料價格無法確定及房市稍差，故必須等到完工後新屋推案。

基於上述考量及分析後，可以發現當新屋推案量大於預售屋推案量時，此狀況是處於投資房地產的死亡交叉，是屬於房市較差的狀況，另 2021 年和 2022 年，預售屋推案量接近 12 萬戶，新成屋推案量則是呈現下滑，大約都只有 1 至 2 萬戶的成屋推案量，然 2022 年預售屋推案量銷售幾乎腰斬，表示未來幾年新成屋推案量將因預售屋賣不好而延至新成屋推案。

表 58：房市指標狀態及房價狀態

指標	指標狀態	都市	房市狀態
預售轉售比率	超過 10% 左右	桃園、台中及台南	房價高點
新建餘屋增加比率	超過 15% 左右	桃園、台中及台南	房價高點
託售比率	超過 2.3% 左右	桃園、新竹及台中	房價高點

資料來源：作者整理

　　從表 58 可以提供讀者或是投資人在預售轉售比率、新建餘屋增加比率及託售比率指標狀態為何，房市屬於何種狀態，應該建議投資人買進或是賣出。

投資心法總結

1. 利用國泰房價指數、信義房價指數及住宅價格指數解讀不動產新屋、預售屋及中古屋的交易資訊。

2. 從建照、開工量及使用執照解讀不動產景氣。

3. 從資金中 M1b 及 M2 的年增率、消費者信心指數中的「購買房地產時機」、台灣經濟研究院營業氣候測驗點及住展風向球解讀房市的信心指數。

4. 從全國房地產買賣移轉棟數、建築貸款餘額、房貸餘額及新承作房貸金額了解房地產的景氣。

5. 檢視銀行不動產貸款佔總放款比率、商業銀行辦理住宅建築、企業建築放款總額所占收存款總餘額及金融債券發售額的比例，以解讀銀行業對於不動產的看法是樂觀或是保守。

6. 解讀房價租金比、房價所得比及房價負擔率對房市的影響。

7. 解讀預售轉售、受新建餘屋數及二手屋待售存量對房市的影響。

Chapter 02
供需面
房地產指標

內政部 2023 年 7 月 21 日發布 2022 年下半年低度使用住宅（即俗稱空屋）統計，全國低度使用住宅宅數較上一期（為 2022 年上半年統計，空屋率為 9.52%）減少 6.36 萬宅至 79.5 萬宅（參考表 1），占全國房屋稅籍住宅類宅數比率 8.77%，空屋率僅略高於 2021 年下半年（當時空屋率為 8.66%），創統計以來次低的空屋率，如此低的空屋率除了反應台灣房市需求外，也形成台灣高房價讓國人買房不易。

目前政府政策也開始著手解決高房價的問題，如中央對空屋加重課稅，希望藉此逼出國人囤積空置的房子，希望有助於增加市場供給以降低房價，另外行政院 2023 年 7 月 6 日通過「房屋稅差別稅率 2.0 方案」，祭出兩大改革，第一部份是將原先囤房稅以縣市個別歸戶，改為全國總歸戶，第二部分是財政部將現行非自住住家稅率 1.5% 至 3.6%，調升至 2% 至 4.8%，預計 2024 年實施、2025 年課稅，新版方案不但全國歸戶一併計算，稅率也大幅拉高，故在政府許多打炒房的政策下，買賣交易已經開始減緩及影響房價。

然而目前原物料及勞務成本仍在高點，及未來一旦徵收碳稅後，短期房價要降是有困難的，房價未來到底是漲還是跌，及是否可以透過供需面的房地產指標來了解房市未來價量走勢，正是本章中要提供的重點，內容中將會詳細說明房市的營建成本及勞務成本的結構，及從人口結構的指標下說明長期房市的走勢，另本章希望讀者們能掌握這些供需面的指標及指標中的房市現況，及希望讀者能透過供需面房地產指標，判斷何時何地可以進入不動產市場投資及自住。

從空屋率及房地合一稅看不動產景氣

> 從空屋率、房地合一稅了解房市買氣,均屬於落後指標。消費者信心指數中的「購買房地產時機」,則是領先指標。

1. 低度使用(用電)住宅,又稱為空屋率:

目前內政部為了解台灣可供居住的使用情況,現利用台電用電的資料及房屋稅籍住宅類資料,將每月月底用電度數小於或等於 60 度的住宅稱為低度使用住宅。自 2020 年起每半年統計一次,上半年採用每年 5、6 月平均用電度數,下半年採用每年 11、12 月平均用電度數。

表 1:2011 至 2022 年空屋率統計

年度	2011 年	2012 年	2013 年	2014 年	2015 年
空屋率	9.42%	9.86%	9.74%	9.56%	9.60%
年度	2016 年	2017 年	2018 年	2019 年	2020 年上
空屋率	9.49%	9.39%	9.81%	9.40%	9.30%
年度	2020 年下	2021 年上	2021 年下	2022 年上	2022 年下
空屋率	9.23%	9.14%	8.66%	9.52%	8.77%

資料來源:內政部及作者整理

圖1：2011 至 2022 年空屋率

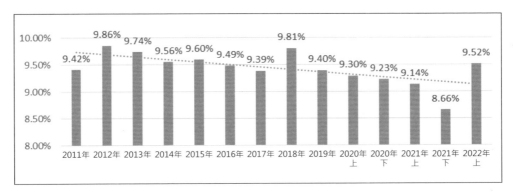

資料來源：內政部及作者整理

　　從表1及圖1可以發現，2022年上半年空屋率上升至9.52%，是從2019年（空屋率為9.40%）開始起近三年空屋率最高的1次，且政府調查空屋率有落後至少半年以上的落差，故2022年下半年起空屋率會逐步調升，若超越2012年（空屋率為9.86%），則代表房市因地緣政治、升息、房地合一稅2.0及平均地權條例通過後，的確對房地產的景氣及買氣衝擊較大。

表 2：2020 年上半年至 2022 年上半年台北、新北及桃園空屋數及增減比

年 / 都市	台北市空屋數	空屋數增減比	新北市空屋數	空屋數增減比	桃園市空屋數	桃園市增減比
2020 上	62,463	-	130,969	-	81,732	-
2020 下	62,671	033%	131,450	0.37%	81,412	-0.39%
2021 上	61,410	-2.01%	128,308	-2.39%	77,454	-4.86%
2021 下	62,671	2.05%	118,165	-7.91%	74,743	-3.50%
2022 上	66,826	6.63%	133,689	13.14%	82,134	9.89%

資料來源：內政部及作者整理

表 3：2020 年上半年至 2022 年上半年台中、台南及高雄空屋數及增減比

年 / 都市	台中市空屋數	空屋數增減比	台南市空屋數	空屋數增減比	高雄市空屋數	高雄市增減比
2020 上	87873		61,545		100932	
2020 下	88106	0.27%	60,402	-1.86%	100,092	-0.83%
2021 上	89266	1.32%	61,498	1.81%	104,739	4.64%
2021 下	82097	-8.03%	60,781	-1.17%	101,393	-3.19%
2022 上	94,851	15.54%	66,840	9.97%	109,180	7.68%

資料來源：內政部及作者整理

圖 2：2022 年上半年六都空屋率

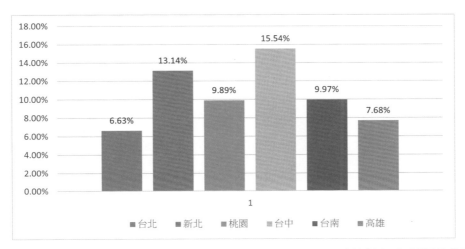

資料來源：內政部及作者整理

　　從表 2、表 3 及圖 2 中可以發現，在先前兩年中新北市、台中及台南市因買賣移轉棟數高，且在房地合一稅的增減比例上也較高，故可推測此三個都市，其投資客的比例相當高，故造成新北市（空屋率為 13.14%）、台中市（空屋率為 15.54%）及台南市（空屋率為 9.97%）的空屋數甚多，未來若地緣政治（烏俄戰爭及兩岸關係）持續蔓延及升息、平均地權的衝擊下，相信空屋率將會不斷的上升。

2. 房地合一稅：

　　所謂房地合一稅，為 2016 年上路的房地交易新稅制之一，與「持有稅」的房屋稅及地價稅不同，性質屬於交易稅，有出售房地才須進行申報，有獲利得進一步繳稅，只要於 2016 年後取得之房地，出售時均得適用本稅制規定。總括來說，房地合一稅與房地交易舊制差異最大一點為需就房屋、土地出售所產生的實際收益一併課稅，搭配自有規定的適用稅率，並對「短期交易」課以 35% 或 45% 重稅，在實施房地合一稅之前，房屋和土地的稅是分開課徵，採雙軌制。

　　（1）在 2014 年 1 月 2 日至 2015 年 12 月 31 日取得，於新制上路（2016年 1 月 1 日）後持有超過兩年出售：適用舊制（房屋交易利潤按實價課徵所得稅；土地交易利潤按土地公告現值課徵土地增值稅）。

　　（2）在 2014 年 1 月 2 日至 2015 年 12 月 31 日取得，於新制上路（2016年 1 月 1 日）後持有兩年內出售：適用新制（理論上已無適用此規範者），簡單而言，在此階段（2014 年 1 月 2 日至 2015 年 12 月 31 日取得的房屋）都是屬於舊制，房屋交易利潤按實價課徵所得稅；土地交易利潤按土地公告現值課徵土地增值稅。

圖 3：境內個人房地合一 1.0 及房地 2.0 的比較

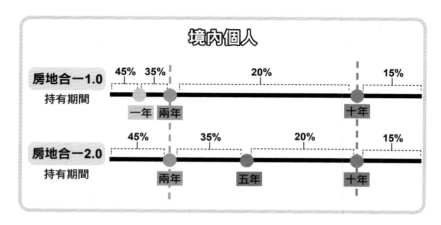

資料來源：財政部及作者整理

從圖 3 可以發現，境內個人在房地 2.0 下必須將房屋持有期限拉長至五年，如果持有不滿兩年的情況下，甚至得付出高達 45% 的稅率。圖 4 可以發現境內法人 2.0 同境內個人稅制一樣。

圖 4：境內法人房地合一 1.0 及房地 2.0 的比較

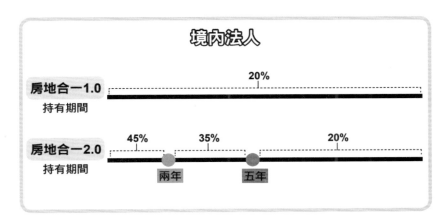

資料來源：財政部及作者整理

表 4：六都及全國 2017 年至 2023 年第一季房地合一稅　單位 / 億元

都市 / 年 第一季	2017	2018	2019	2020	2021	2022	2023	23VS22
台北	0.36	0.22	0.61	1.86	4.49	8.38	6.22	-25.8%
新北	0.53	0.40	1.43	1.69	4.78	10.21	11.00	7.7%
桃園	0.19	0.16	0.59	1.54	2.88	8.11	8.98	10.8%
台中	0.28	0.47	1.68	4.55	9.53	15.47	11.79	-23.8%
台南	0.17	0.45	1.32	2.10	3.40	6.42	4.25	-33.8%
高雄	0.30	0.46	1.78	3.34	4.71	9.39	10.12	7.8%
全國	2.47	3.09	9.42	18.63	36.57	72.89	64.18	-12.0%

資料來源：財政部及作者整理

圖 5：六都 2022 年及 2023 年第 1 季房地合一稅增減比例

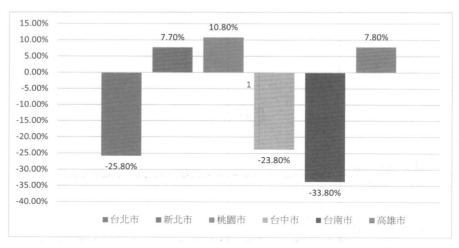

資料來源：財政部及作者整理

表 5：2022 年及 2023 年六都及全國房地合一稅增減　　　　單位 / 億元

縣市	2023 年	2022 年	增減比例
台北	36.3	31.9	14%
新北	52.8	29.8	78%
桃園	43.5	25.6	70%
台中	74.4	50.3	48%
台南	33.2	22.6	47%
高雄	50.0	36.4	37%
全國	365.1	245.7	49%

資料來源：財政部及作者整理

表 6：2021Q3 至 2022Q2 房地合一稅各級稅率及件數

年季	總計	45% 稅率		35% 稅率		20% 稅率		15% 稅率		10% 稅率		無納稅	
	件數	件數	占比	件數	占比	件數	占比	件數	占比	件數	占比	件數	占比
2021Q3	21744	5645	26%	4274	19.7%	4780	22.0%	119	0.5%	2	0.0%	6924	31.8%
2021Q4	31636	8370	26.5%	6640	21.0%	7387	23.3%	220	0.7%	1	0.0%	9018	28.5%
2022Q1	28836	8104	28.1%	5768	20.0%	7009	24.3%	159	0.6%	14	0.0%	7782	27.0%
2022Q2	29631	7780	26.3%	5691	19.2%	8736	29.5%	140	0.5%	92	0.3%	7192	24.3%
合計	111847	29899	26.7%	22373	20.0%	27912	25.0%	638	0.6%	109	0.1%	30916	27.6%

資料來源：財政部及永慶房屋

表 7：2021Q3 至 2022Q2 房地合一稅各級稅率的稅收及占比　　　單位 / 億元

年季	總計	45% 稅率		35% 稅率		20% 稅率		15% 稅率		10% 稅率	
	稅額	稅額	占比	稅額	占比	稅額	占比	稅額	占比	稅額	占比
2021Q3	54.3	15.2	28.0%	17.2	31.7%	21.5	39.5%	0.5	0.8%	0.0	0.0%
2021Q4	99.9	25.6	25.6%	37.6	37.6%	36.0	36.0%	0.8	0.8%	0.0	0.0%
2022Q1	99.4	28.6	28.8%	32.0	32.2%	38.1	38.4%	0.5	0.5%	0.1	0.1%
2022Q2	112.8	32.9	29.2%	35.4	31.4%	43.7	38.7%	0.5	0.4%	0.3	0.2%
合計	366.4	102.3	27.9%	122.2	33.4%	139.3	38.0%	2.3	0.6%	0.4	0.1%

資料來源：財政部及永慶房屋

　　從表 5 可以發現，2023 年房地合一稅較 2022 年增加近 50% 比例，其中台中及高雄在近兩年中平均稅收均在前兩名，另新北及桃園稅收增減比例則在前兩名，台北則在稅收及增減上反而較低，故可發現在桃園、台中及高雄近幾年投資客及投機客明顯較多，台中也發現在空屋率上也屬於較高的地區，未來台中房價勢必在平均地權實施後開始下跌。

　　從表 6 可以發現，在房地合一稅 2.0 實施後，在稅率 45% 及 35% 的重稅合計比例上佔了近 47%，足見投機客所看待的是房價的上漲比例大於重稅的稅率，45% 稅率及 35% 稅率合計的稅收佔總稅收 61%，然未來平均地權條例實施後，投機客將會因此減少後而使稅收減少。

從房仲市場看不動產景氣

從房仲家數多寡了解不動產景氣，仲介店數越多代表看好房市，仲介店數越少代表看壞房市。仲介人數越多代表看好房市，仲介人數越少代表看壞房市。

1. 房仲家數：

近幾年全台房市快速升溫，與房市關聯最緊密的房仲行業自然會對房仲家數及房仲人員需求不斷增加，從內政部統計月報，可以統計房仲店數及房仲人員。

表 8：2015 至 2022 年買賣移轉棟數及房仲家數

年份	買賣移轉棟數	房仲家數
2015	292,550	6,800
2016	245,396	6,426
2017	266,086	6,324
2018	277,967	6,422
2019	300,275	6,713
2020	326,589	7,167
2021	348,194	7,876
2022	318,101	8,367

資料來源：內政部及作者整理

圖 6：2015 至 2022 年房仲家數

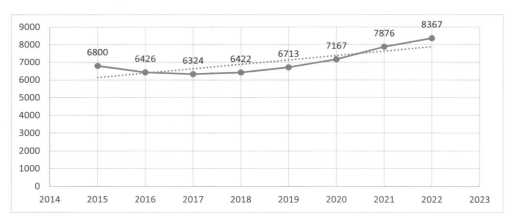

資料來源：內政部及作者整理

表 9：2021 及 2022 年房仲家數及增減比

房仲 / 年	2022 年	2021 年	家數增減	增減比
信義房屋（直營）	496	508	-12	-2.4%
永慶房屋（直營）	245	267	-22	-8.20%
永慶不動產（加盟）	470	427	43	10.10%
住商不動產	595	533	62	11.60%
有巢氏房屋	392	348	44	12.60%
台灣房屋	341	320	21	6.60%
中信房屋	264	253	11	4.30%
東森房屋	184	179	5	2.80%
太平洋房屋	178	156	22	14.10%

資料來源：內政部及作者整理

　　從表 8 及圖 6 發現，2016 年及 2017 年為房地合一稅實施前兩年期間，由於該實施期間對房市衝擊較大，所以 2016 年買賣移轉棟數掉落到 245,396間及 2017 年掉至 266,086 間，另衝擊期間也使房仲家數從 2016 年掉至 6,426家及 2017 年掉至 6,324 家，顯示買賣移轉棟數的減少，衝擊到房仲人員買賣交易之降低及房仲家數的減少。

　　並且我們從表 9 中也可以發現 2021 年及 2022 年在房仲家數上，信義房屋及永慶房屋的直營店對於房市敏覺性較強，所以除考量升息、房地合一稅2.0 及平均地權條例等政策對房市未來衝擊大，加上現階段買賣移轉棟數不斷下跌，所以立即減少房仲家數以因應不動產市場衝擊，相對加盟店因來不及對市場反應，所以仍然維持加盟，故將來當房市反轉後，勢必會對房仲加盟店衝擊影響大。

表 10：2015 至 2022 年買賣移轉棟數及房仲人數

年份	買賣移轉棟數	房仲人數
2015	292,550	46,932
2016	245,396	43,954
2017	266,086	44,607
2018	277,967	46,308
2019	300,275	48,687
2020	326,589	53,435
2021	348,194	58,287
2022	318,101	65,256

資料來源：內政部及作者整理

　　從表 8、表 9 可以發現，2022 年買賣移轉棟數減少近 30,000 棟，但房仲家數卻是增加中，另表 10 房仲人數也不斷的增加中，現階段除 2022 年買賣移轉棟數減少外，2023 年第 1 季買賣移轉棟數也不見好轉，並且房市目前也處在地緣政治、升息及平均地權條例實施階段中，故未來房仲家數及房仲人數勢必將會因衝擊而減少。

原物料成本及勞務成本影響房價

> 當營建成本上升時，容易推升房價上漲；當營建成本下降時，房價也會推升房價下跌。其中材料類、勞務類，尤為影響的大宗。

1. 營造工程物價指數：

民國 62 年，國際間首次發生能源危機，國內外物價普遍上漲。政府為避免因營建材料及工資大幅上漲，影響已發包工程進度，乃自 64 年度起在中央政府總預算執行條例中，明定以「臺灣地區躉售物價分類指數之營造業投入物價指數」作為補償救濟手段，由於該指數只涵蓋材料部分，工資並未納入，未盡周延。

78 年度起，材料價款仍用「臺灣地區躉售物價分類指數之營造業投入物價指數」，而工資價款則依據「臺灣地區營造業受雇員工平均經常性薪資指數」。以民國 100 年臺灣地區營造工程投入成本結構為基準，選取代表性營造材料及勞務為查價項目，共計 115 項。

根據行政院主計總處營造工程物價指數統計，從 2020 年 9 月營造工程物價指數突破 110 後，2022 年 5 月更創下歷史新高點的 132.74，過去兩年來營造工程的物價指數大幅飆漲將近 2 成，漲勢是最近 14 年以來上漲幅度最大且速度較快，2022 年漲幅均逐季放緩，且全年平均較 2021 年收斂。

2022 年營造工程物價指數年漲 7.37%，較 2021 年漲 10.93% 趨緩，其中材料類指數較 2021 年上漲 8.52%，另勞務類指數較 2021 年上漲 5.35%，其中，工資類（占 26.79%）上漲 4.79%，係因需求仍殷，加以基本工資調漲所致，而機具設備租金類（占 13.07%）亦上漲 6.56%。

表 11：2016 年 6 月至 2023 年 3 月營造工程物價指數

日期	2016/06	2016/12	2017/06	2017/12	2018/06	2018/12
指數	-1.87	1.50	1.02	2.78	4.20	2.82
日期	2019/06	2019/12	2020/06	2020/12	2021/06	2021/12
指數	2.63	1.70	0.57	3.96	13.04	11.31
日期	2022/06	2022/12	2023/01	2023/02	2023/03	x
指數	7.67	4.52	4.84	4.55	2.45	x

資料來源：行政院主計總處及作者整理

圖 7：2016 年 6 月至 2023 年 3 月營造工程物價指數

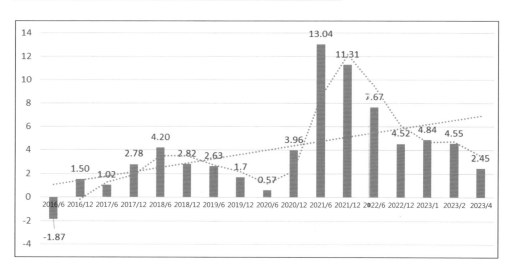

資料來源：行政院主計總處及作者整理

從表 11 及圖 7 可以發現，在 2021 年 6 月營造工程指數年增率達 13.04%（因為適逢烏俄戰爭、供應鏈及疫情影響），但從 2022 年 12 月後（疫情及供應鏈減緩）慢慢收斂至 4.52%，2023 年 3 月也降至 2.45%，可發現營造工程的成本也慢慢在下調中了，也代表著原物料及勞工成本所影響的通膨有逐漸的下降了。

2. 營造工程物價指數 - 材料類：

營造工程物價指數中材料類主要細分 10 項，分別為水泥及其製品類、砂石及級配類、磚瓦瓷類、金屬製品類、木材及其製品類、塑膠製品類、油漆塗裝類、電梯與電器用品類、瀝青及其製品類，10 項中的每一項又可細分，細分方式如下表：

圖 8：營造工程物價指數 - 材料類之分類及細分

(一)水泥及其製品類(1-7)	1.水泥	2.預拌混凝土	3.預力蓋樁	4.混凝土磚
	5.鋼筋混凝土管	6.預鑄人孔、陰井、溝蓋板及緣石	7.其他水泥製品	
(二)砂石及級配類(8-10)	8.砂	9.卵石及碎石	10.級配料	
(三)磚瓦瓷類(11-15)	11.瓦片及紅磚	12.磁磚	13.隔熱磚	14.陶瓷面盆
	15.抽水馬桶			
(四)金屬製品類(16-36)	16.鋼筋	17.型鋼	18.鋼板	19.不銹鋼製品
	20.鍍鋅鋼管	21.輕鋼架	22.不銹鋼門窗	23.鋁門窗
	24.不銹鋼捲門	25.防火捲門	26.焊接鋼絲網	27.五金
	28.預力鋼絞線	29.鋼鐵鑄件	30.金屬帷幕牆材料	31.鋼釘及螺栓
	32.鷹架鐵件	33.鍍鋅鋼浪板	34.金屬擴張網	35.燁烯淺板
	36.其他金屬製品			
(五)木材及其製品類(37-41)	37.木料	38.木板	39.溝縫木條	40.普通模板
	41.其他木製品			
(六)塑膠製品類(42-49)	42.高密度聚乙烯(HDPE)管	43.塑膠硬管(HDPE管除外)	44.塑膠地磚	45.鋁塑門窗
	46.油毛氈	47.安全護網	48.防墜措施	49.其他塑膠製品
(七)油漆塗裝類(50-53)	50.油漆	51.水泥漆	52.熱拌瀝青漆(含反光漆)	53.防火披覆塗料
(八)機電設備類(54-69)	54.電梯	55.電線電纜	56.照明開關及插座	57.電力設備
	58.瓷瓶	59.變壓器	60.配電盤	61.發電機
	62.冷氣機	63.火警自動警報機	64.照明設備	65.斷路器
	66.冷凍空調設備	68.通信器材及材料	68.監控設備	69.其他機電設備補機製品
(九)瀝青及其製品類(70-71)	70.瀝青	71.瀝青混凝土		
(十)雜項類(72-86)	72.玻璃製品	73.矽酸鈣板	74.磚纖板	75.防水層、瀝及氈
	76.交通標誌及號誌	77.石材	78.不織布及止水帶	79.黏土
	80.消防滅火及偵難設備	81.化學材料	82.隔音材料	83.監刻設備
	84.停車設備	85.客土(含團土)	86.其他雜項材料	

資料來源：行政院主計總處

表 12：2016 年至 2023 年 4 月營造工程材料類 - 工資類及機器設備類之指數

日期	營造工程總指數	（1）材料類	（2）勞務類
2016	82.15	78.01	89.69
2017	84.13	80.79	90.08
2018	86.95	84.87	90.59
2019	88.88	87.24	91.73
2020	90.14	87.92	94.02
2021	100.00	100.00	100.00
2022	107.36	108.51	105.36
202301	108.69	109.71	106.87
202302	109.21	110.30	107.26
202303	109.49	110.62	107.47
202304	109.60	110.62	107.77

資料來源：行政院主計總處及作者整理（基期指數民國 110=100）

　　從表 12 可以發現，營造工程總指數共細分（1）材料類及（2）勞務類，從 2016 年至 2020 年皆是勞務類指數高於材料類指數，但從 2022 年至 2023 年 4 月起材料類的指數均高於勞務類，起因為疫情因素、烏俄戰爭及所造成之供應鏈受影響，而產生材料類價格上漲，故也引起建商將原物料成本反映在房價上。

圖 9：2016 至 2020 年營造工程材料類指數之走勢

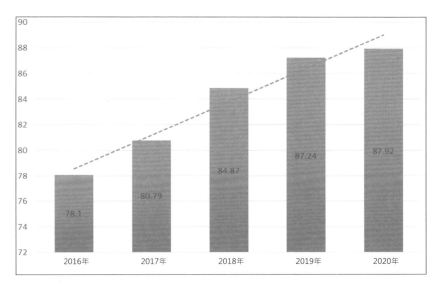

資料來源：行政院主計總處及作者整理（基期指數 2016 年 =100）

圖 10：2022 年至 2023 年 4 月營造工程材料類指數之走勢

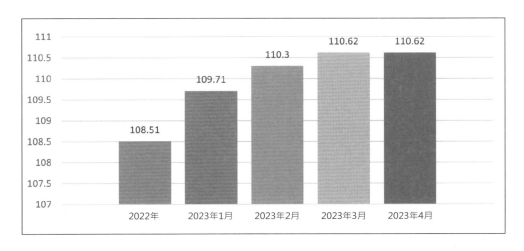

資料來源：行政院主計總處及作者整理（基期指數 2021 年 =100）

從圖 9 之 2016 年至 2020 年及圖 10 之 2022 年至 2023 年 4 月之兩段時間中，其營造工程材料類指數走勢均顯著上揚中，尤其是 2022 年至 2023 年 4 月之指數，均屬過去歷史當中的高點，也就是近幾年當中所提的通貨膨脹，所以也創下房價過去以來的高點。

3. 營造工程物價指數 - 勞務類：

勞務類包括工資及機具設備租金兩類，由調查員選定當地具有持續性、穩定性且擁有相當數量工人之工頭或廠商定期查價，另外勞務類分為工資類及機具設備租金類也細分方式如下圖 11：

圖 11：營造工程物價指數 - 勞務類之分類及細分

二 . 勞務類				
(一)工資類(87-98)	87.泥水工	88.鋼筋工	89.模板工	90.混凝土工
	91.油漆工	92.門窗安裝工	93.水電安裝工	94.土方工
	95.鋼構組裝工	96.木工	97.非技術工	98.廢土處理
(二)機具設備租金類(99-115)	99.挖土機租金	100.推土機租金	101.壓路機租金	102.刨路機租金
	103.鋪面機租金	104.震動機租金	105.混凝土壓送車租金	106.灑水車租金
	107.卡車租金	108.吊車租金	109.打樁機租金	110.鑽機租金
	111.抽水機租金	112.鋼支撐材租金	113.施工架租金	114.搖管機租金
	115.其他機具設備租金			

資料來源：行政院主計總處及作者整理

從表 13 中可以發現，2016 年至 2020 年及 2022 年至 2023 年 4 月兩段間中，營造工程勞務均顯著往上，其中 2022 年至 2023 年 4 月的勞務類指數明顯更高，因為此期間也就是適逢烏俄戰爭及疫情的因素所引起，也是因為此因素而造成房價不斷往上上漲。

表 13：2016 年至 2023 年 4 月營造工程勞務類 - 工資類及機器設備類之指數

日期	營造工程勞務類	（1）工資類	（2）機器設配
2016	89.69	88.86	91.45
2017	90.08	89.31	91.70
2018	90.59	89.90	92.04
2019	91.73	91.05	93.19
2020	94.02	93.86	94.35
2021	100.00	100.00	100.00
2022	105.36	104.79	106.56
202301	106.87	106.09	108.53
202302	107.26	106.38	109.16
202303	107.47	106.51	109.56
202304	107.78	106.86	109.76

資料來源：行政院主計總處及作者整理（基期指數 2021 年 =100）

圖 12：2016 年至 2020 年營造工程勞務類指數之走勢

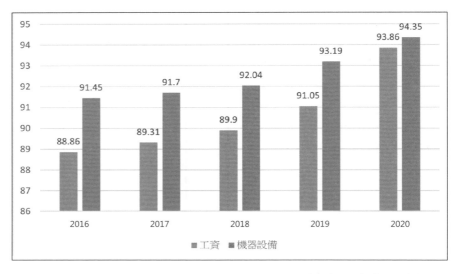

資料來源：行政院主計處及作者整理

圖 13：2023 年 1 月至 4 月營造工程勞務類指數之走勢

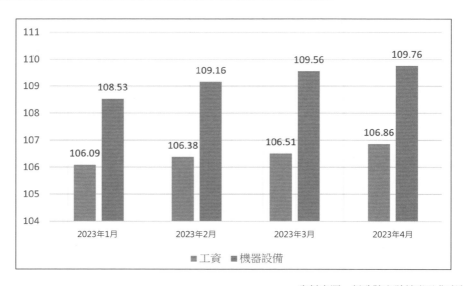

資料來源：行政院主計總處及作者整理

　　從圖 12 及圖 13 可發現，2016 年至 2020 年及 2023 年 1 月至 2023 年 4 月勞務類的指數中，機器設備指數均明顯大於工資類的指數。

　　從表 14 可以發現，營造工程總指數在 2016 年為 82.15（90 以下），相對買賣移轉的棟數為 245,396 棟及 2017 年為 84.13（90 以下），相對買賣移轉的棟數為 266,086 棟，此時相對通膨小及營造工程量減少，故相對在買賣移轉棟數上量也較少（少於 30 萬棟），故此時為房市絕對低點的買點，2020 年營造工程總指數為 90.14（90~95 為相對低點），仍是可以買進的點。

　　但相對在 2021 年的營造工程總指數上為 100（100~110 為相對高點），在 2022 年的營造工程總指數上為 107.36（110 以上為絕對高點）已經接近絕對高點，是一個非常好的賣點。

表 14：利用營造工程總指數評估房市買點及賣點

時間	營造工程總指數	買賣移轉棟數	房市買點	房市賣點
2016	82.15	245,396	絕對低點	否
2017	84.13	266,086	絕對低點	否
2018	86.95	277,967	絕對低點	否
2019	88.88	300,275	相對低點	否
2020	90.14	326,589	相對低點	
2021	100.00	345,857	否	相對高點
2022	107.36	318,101	否	絕對高點

資料來源：行政院主計總處及作者整理

從人口多寡及家戶數了解長期房價走勢

人口多寡與房屋需求量為正向關係，人口紅利使房市需求增加，家戶數越多使房市需求增加，家戶數越少，房市需求越少。

1. 人口結構：

以 2021 年的人口結構為例，臺灣所面臨之人口少子化與高齡化趨勢十分明顯，也就是可以發現房地產購買需求人口的降低。因為臺灣有嚴重的少子化及高齡化的問題，依國發會的估計，台灣每百位青壯年人口所需扶養之依賴人口數，將由 2020 年之 40 人增加至 2070 年之 102 人，並且 2020 年的人口出生數也低於死亡數，現階段人口開始呈現自然減少現象。

另一方面，2020 年，國內 65 歲以上老年人口所占比率原為 16.0%，但至 2040 年將升至 30.2%，2070 年持續增加至 41.6%，因此隨著人口紅利逐漸減少，高齡化而造成勞動力減少，台灣自從 2020 年人口就首度出現負成長，內政部公布截至 2022 年 12 月底的人口數為 2326 萬 4640 人，較 2021 年的 2337 萬 5314 人，再減少 11 萬 674 萬人，人口連續 3 年負成長，故未來不動產市場，將面對人口結構改變、未來如何因應不動產市場將是消費者、生產者及政府所面對的課題。

圖 14：台灣出生人數及死亡人數趨勢圖

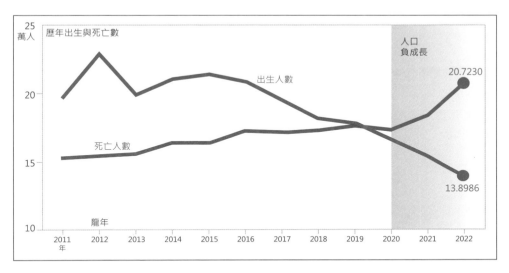

資料來源：內政部

表 15：2020 至 2022 年台灣出生人數及死亡人數

日期	出生數	死亡數
2020	165,249	173,156
2021	153,820	183,732
2022	138,986	207,230

資料來源：內政部及作者整理

圖 15：2020 至 2022 年台灣出生人數及死亡人數趨勢圖

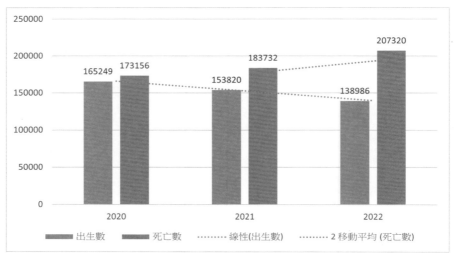

資料來源：內政部及作者整理

　　台灣 2022 年 1 至 12 月累計出生數為 13 萬 8986 人，創下史上新低；死亡數為 20 萬 7230 人，是連續 3 年出生人數低於死亡人數（參考圖 14 及表14），未來無論是因為稅制的改變（房地合一稅 2.0）、貨幣政策（緊縮政策）、利率調整（利率上漲）、疫情因素、烏俄戰爭及政策因素（平均地權條例）等因素，而導致房價有所短期波動，最後還是要回歸供需基本面（人口結構的長期因素），未來在人口死亡人數大於出生人數的結構上，長期房價將會下調到人口結構上。

2. 家戶數：

　　各季普通家戶數＝（各季戶籍登記戶數）×（最近一期普查普通住戶數調整率）。如下表單人或兩人多，也就是單身及夫妻不生變多了。

表 16：六都及全國家戶數統計　　　　　　　　　　　　　　家戶 / 人

時間	台北市	新北市	桃園市	台中市	台南市	高雄市	全國
2016Q2	2.59	2.62	2.80	2.95	2.80	2.58	2.77
2016Q4	2.57	2.61	2.79	2.93	2.78	2.57	2.75
2017Q2	2.56	2.60	2.78	2.92	2.77	2.56	2.74
2017Q4	2.55	2.58	2.77	2.91	2.76	2.54	2.73
2018Q2	2.54	2.57	2.76	2.89	2.75	2.53	2.71
2018Q4	2.53	2.56	2.75	2.88	2.73	2.52	2.70
2019Q2	2.51	2.55	2.74	2.87	2.72	2.51	2.69
2019Q4	2.49	2.54	2.72	2.85	2.70	2.50	2.67
2020Q2	2.47	2.53	2.71	2.84	2.69	2.49	2.66
2020Q4	2.45	2.51	2.68	2.81	2.66	2.47	2.64
2021Q2	2.43	2.49	2.66	2.79	2.65	2.45	2.62
2021Q4	2.40	2.47	2.64	2.77	2.62	2.43	2.60
2022Q2	2.37	2.45	2.61	2.74	2.60	2.41	2.57
2022Q4	2.36	2.44	2.60	2.72	2.59	2.40	2.56

圖 16：2016Q2 至 2022Q4 全國家戶數統計

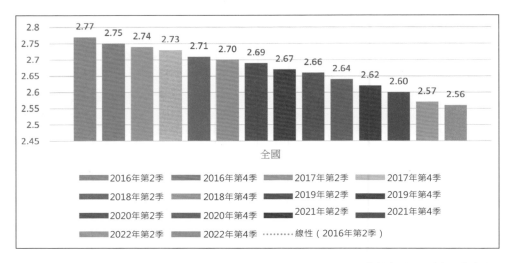

資料來源：內政部及作者整理

　　根據內政部統計季報資料顯示整理如表 16 及圖 16，2022 年 Q4 平均每戶人口數量再創新低，僅剩下 2.56 人，再度創下歷史新低紀錄，六都中每戶人口最少是台北市 2.36 人，高雄市 2.40 人，新北市 2.44 人，台南市 2.59 人，桃園市 2.60 人，台中市的 2.72 人，發現都會化越高區域，平均每戶人口數量越少，由於台北市都會化程度最高，所以家戶數為 2.36 人。

　　相信在未來都市化程度及家庭結構改變下，每戶人口只會越少，2022 年 10 月底，戶數共有 9,068,488 戶，與上年同月比較增加 64,105 戶或 0.71%，與上月比較則增加 5,961 戶或 0.07%，人口數雖然變少，但家戶數卻是增加的，所以短期並不會彰顯房屋的交易量，但長期仍會影響房市的交易量。

🏠 從海悅、信義房屋股價解析房市

> 從海悅股價了解房市預售屋的景氣，當海悅股價越高代表房市預售屋越好；從信義房屋股價了解房市二手屋的景氣，信義房屋股價越高代表房市二手屋越好。

1. 海悅國際股價：

　　海悅廣告自 1996 年成立，源自於建設公司的業務部門，從創業到組成團隊及成立上市公司（海悅國際 2348），提供開發業者土地規畫、建築設計、平面規畫、公共空間、庭園景觀、藝術品味等建議。海悅為全國最大的代銷公司，故海悅代銷業務好壞足以代表房市好壞，因此海悅股價將代表房市的領先指標。

　　海悅國際開發 2023 年 2 月業績，合併營收共 2.02 億元，月增 48.45%，但比 2022 年同期減少 4 成；累計前 2 月合併營收 3.38 億元、年減 44.22%，雖然年減 4 成，但由於月增 48.45%，代表房市已經逐漸回溫了，至於是否確定回溫則必須仍繼續關注未來房市的交易量。

表 17：2016 年 6 月至 2023 年 5 月海悅股價走勢

日期	股價	買賣移轉棟數 / 年底統計
201606	21.72	245,396
201612	16.20	245,396
201706	31.84	266,086
201712	24.09	266,086
201806	38.87	277,967
201812	40.56	277,967
201906	37.84	300,275
201912	48.00	300,275
202006	66.13	326,589
202012	74.45	326,589
202106	85.14	345,857
202112	108.50	345,857
202206	94.50	318,101
202212	65.50	318,101
202303	66.70	x
202305	67.10	x

資料來源：台灣證券交易所及作者整理

圖 17：2016 至 2022 年海悅股價及買賣移轉棟數走勢圖

資料來源：台灣證券交易所及作者整理

　　從表 17 可以發現，2016 年適逢房地合一稅 1.0，海悅股價一路從 2016 年 6 月股價 21.72 一路跌至 2016 年 12 月股價 16.20，當時 2016 年全國買賣轉移棟數為 245,396 棟，創下近 10 年買賣移轉棟數較少的一年，另 2021 年為全國買賣移轉棟數最多的一年，當時交易量為 345,857 棟，並且當時 2021 年 6 月海悅的股價為 85.14，一路上漲到 2021 年 12 月股價為 108.50，可以說是海悅股價創當時的新高點，從圖 17 更可以發現海悅股價反應在全國買賣移轉棟數之前，可以說是不動產的領先指標。

表 18：利用海悅股價評估房市買點及賣點

時間	海悅股價	買賣移轉棟數	房市買點	房市賣點
201606	21.72	245,396	相對低點	否
201612	16.20	245,396	絕對低點	否
201706	31.84	266,086	相對低點	否
201712	24.09	266,086	相對低點	否
202006	66.13	326,589	否	評估中
202012	74.45	326,589	否	相對高點
202106	85.14	345,857	否	相對高點
202112	108.50	345,857	否	絕對高點
202206	94.50	318,101	否	相對高點

資料來源：台灣證券交易所及作者整理

　　從表 18 可以發現，海悅股價在 2016 年 6 月時，股價為 21.72 及當年度買賣移轉棟數為 245,396，此時皆創下股價及交易量相對低點，此時讀者或投資人當時可以買進海悅股票及買進不動產，另外在 2016 年 12 月時海悅股價曾經掉至 16.2（絕對低點），通常投資人很難在絕對低點預期到或是等到，仍然建議讀者在相對低點出脫，屆時在海悅股價高點（2021 年 6 月股價為 85.14）及不動產高點時出脫股票及不動產，或是等到在高點（股價為 108.50）出脫。

2. 信義房屋股價：

信義房屋為台灣房屋仲介公司，1981 年由周俊吉創辦，其時政府尚未核准房屋仲介公司營業，因此以「信義代書事務所」提供房屋買賣仲介服務。至 1987 年正式成立「信義房屋仲介股份有限公司」。信義房屋於 1999 年於臺灣證券交易所股票上市，股票代號 9940。2019 年 6 月更名為「信義房屋股份有限公司」。

買房、買屋、購屋、買房子、找房子房屋物件總覽，包含中古屋、新屋、即時降價、低總價、新上架物件，提供實價登錄、房價、成交行情完整資訊，買房買屋就找信義房屋，信義房屋主要的銷售為中古屋，由於股價具有領先指標，通常股價具有 3 個月至半年間領先房屋買賣交易移轉棟數的時間，所以信義房屋股價具有不動產的領先指標。

圖 18：信義房屋股價和信義房屋房價指數走勢圖

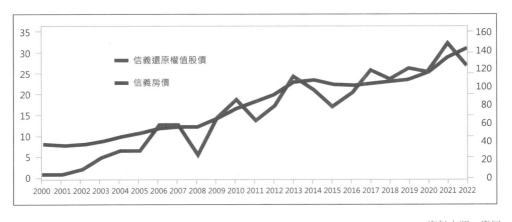

資料來源：樂居

從圖 18 可以發現，在 2008 年及 2016 年，紅色線的信義股價領先藍色線的信義房屋房價指數 3 個月至 6 個月左右，具有領先指標。

🏠 從法拍市場解讀房市景氣

從法拍屋量看房市的景氣，法拍數量多代表景氣及房市不好；從法拍屋平均成交率及平均加價率看房市的景氣，平均成交率及平均加價率多代表景氣及房市好。

　　法拍屋量及金額：過去法拍數量的多寡可判斷景氣好壞及房市盛衰，因此會對市場交易產生影響，所以一旦法拍件數過多，可以發現房屋持有人繳不起房貸，因此會有房市崩壞的現象。

　　從表 19 可以發現，過去金融海嘯發生後，法拍潮出現在 2008 年與 2009 年，2008 年法拍件數為 13,749 件，2009 年法拍總件數為 16,443 件及金額達到 690 億元。但在 2011 年開始實施奢侈稅後，其買賣移轉棟數下跌至 361,704 件，法拍件數下跌至 7,206 件（下跌 10,000 件以下），2013 年法拍件數下跌至 3,411 件，在 2016 年實施房地合一稅後，買賣移轉棟數更下跌 2,052 件（跌破 3000 件以下），其法拍件數較 2009 年量縮 8 成，其實當時房市買賣氣氛是非常不好的狀況。

表 19：2008 至 2022 年全國待法拍件數

日期	全國買賣移轉棟數	法拍件數
2008	379,326（金融海嘯）調降遺產稅	13,749
2009	388,298	16,443
2010	406.689	10,901
2011	361,704（奢侈稅開始）2011.6.1~2015.12.31	7,206
2012	328,874	5,051
2013	371,892	3,411
2014	320,598	2,711
2015	292,550（調高房屋稅）	2,260
2016	245,396（房地合一稅）	2,052
2017	266,086	2,274
2018	277,967	2,193
2019	300,275	2,295
2020	326,589	8,840
2021	345,857	6,977
2022	318,101	7,431

表 20：2022 年 Q4 全國及 6 都拍賣比例

地區 / 縣市	住宅拍賣	住宅移轉棟數	拍賣比例
台北市	65	7251	0.90%
新北市	125	11248	1.11%
桃園市	56	8327	0.67%
台中市	48	5554	0.86%
台南市	38	4549	0.84%
高雄市	78	2222	1.41%
全國	627	59373	1.06%

資料來源：內政部不動產資訊平台、台灣房屋及作者整理

表 21：2021 年及 2022 年全國及 6 都法拍待標件數及法拍成交比率

地區 / 縣市	待標件數	成交件數	2022 成交率	2021 成交率 / 待標
台北市	615	346	56.26%	63.44%/610
新北市	1036	560	54.05%	48.99%/1037
桃園市	575	301	52.35%	54.38%/559
台中市	699	361	51.65%	57.70%/591
台南市	592	266	44.93%	49.02%/559
高雄市	1053	548	52.04%	57.96%/904
全國	7431	3683	49.56%	51.60%/6977

資料來源：內政部不動產資訊平台

表 22：2021 及 2022 年全國及 6 都加價率

地區 / 縣市	2022 加價率	2021 加價率
台北市	8.23%	10.86%
新北市	12.03%	12.28%
桃園市	10.96%	13.33%
台中市	13.49%	14.81%
台南市	9.31%	8.54%
高雄市	11.59%	13.05%
全國	10.67%	11.69%

資料來源：內政部不動產資訊平台及作者整理

圖 19：六都拍賣比例、成交率及加價率

資料來源：內政部不動產資訊平台及作者整理

從表 20 到表 22 及圖 19 中可以發現，在 2022 年其成交率（49.56%）及加價率（10.67%）都較 2021 年比率降低（成交率 51.60%，加價率 11.69%），表示不動產市場變差（成交率變少）及投資客變保守（加價率降低），另外桃園市（0.67%）、台南市（0.84%），台中市（0.86%）及台北市（0.90%）的法拍比例較低，及台中及高雄法拍件數成長最高，分別是台中成長 18% 及高雄成長 16.5%，綜合上述中可以發現桃園市法拍比例低（0.90%），法拍成交比率也高（52.35%）。

另加價率（10.96%）也有 10% 以上，加上北部地區桃園的價格也較能接受（相對台北市及新北市），因此桃園地區可以納為北部居民參考買房的都會區，另外過去幾年桃園、台中、台南和高雄皆是房市的熱區（都屬於六都），所以房價漲幅比較大，但除桃園及台南（法拍成長少）外，台中及高雄其法拍成長率已經偏高了，投資或自住該地區則要特別謹慎。

表 23：2022 年全國及 6 都拍賣坪數分布表

地區 / 縣市	住宅拍賣件數	25 坪以下	25~35 坪	35~45 坪	45~55 坪	55 坪以上
台北市	214	54.2%	23.8%	8.4%	8.1%	11.1%
新北市	342	50.6%	25.4%	11.4%	6.4%	6.1%
桃園市	227	41.0%	27.3%	12.3%	8.8%	10.6%
台中市	162	43.8%	24.7%	14.8%	5.6%	11.1%
台南市	198	55.6%	17.2%	8.1%	8.1%	11.1%
高雄市	242	53.3%	24.8%	6.2%	7.0%	8.7%
全國	2138	47.9%	23.5%	11.1%	7.2%	10.3%

資料來源：（1）內政部不動產資訊平台及元宏不動產加值服務平台

（2）資料統計至 2022 年 Q3 上

2022 年 Q1 至 Q3 全國住宅拍賣移轉棟數（參考表 23），25 坪以下住宅（小宅）交易佔比 47.9%，其中台南市 55.6%、台北市 54.2%、高雄市 53.3%、新北市 50.6%、台中市 43.8 及桃園市為 41%。

🏠 投資心法總結

1. 從空屋率及房地合一稅解讀不動產買氣。

2. 從房仲家數及房仲人數解讀不動產景氣。

3. 從原物料成本及勞務成本解讀不動產房價上漲與否。

4. 從人口結構及家戶數了解長期房價走勢。

5. 從海悅股價、信義房屋股價了解房市的好壞。

6. 從法拍數量、平均的成交率及平均的加價率判斷景氣好壞及房市盛衰。

Chapter 03
金融面
房地產指標

　　每當美國聯準會公布升降息時，都會引起市場的關注及討論，因為升息或降息都會引起股市、債市、匯市及房市的影響，尤其是房市，因為美國聯準會升息後，會連帶引起本國央行升息，畢竟升息後就會造成房貸戶利息支出增加，因為投資不動產時，通常利息的增加會是投資不動產最大的考量。

　　本章中會告訴讀者如何利用 FedWatch 及利率點陣圖兩種工具，解讀利率的走勢及房市的趨勢，雖然目前升息已經接近尾聲，預期 2024 年美國將會降息，未來台灣房價怎麼走？希望可以透過此兩種工具的預測，以利提供讀者買房的時機。

　　本章中也希望提供讀者對於股市及匯市等金融面房地產指標來評估房市的走勢，另外對於美國聯邦基金利率及台灣重貼現率等金融面指標也會深入的了解，以了解平常我們在報導中看到的台灣央行升息 1 碼，指的就是重貼現率提高 1 碼，所以讀者是必須了解重貼現率的定義及影響所及，另外美國聯邦基金利率也常在媒體及報章雜誌出現，所以本章中也會非常的詳細說明。

　　現今美國聯準會為了抗通膨已經從 2022 年一連串升息下，至 2023 年 8 月已經升息了 11 次及合計共 21 碼（共 5.25%），另外美國勞動部公布 6 月消費者物價指數（CPI）年增 3%，優於市場預期（市場預期為 3.1%），已經低於 5 月年增 4%，且從利率點陣圖中發現美國 2024 年前將會開始降息且經濟開始反轉的現象，故 2024 年應該會呈現通膨回溫及降息的階段，2024 年美國經濟在經濟是否反轉及是否降溫，也將是決定 2024 年美國聯準會是否採取降息政策，及影響房市的走勢。

🏠 利用 FedWatch 及利率點陣圖解讀利率走勢及房市趨勢

> 如何利用 FedWatch 預測 Fed 未來升息及降息的機率，及未來如何影響房市，以及從 FED 利率點陣圖解析長期利率可能趨勢，解讀房市未來的走向，都是領先指標。

1. FedWatch：

　　這個網站是由 CME（Chicago Mercantile Exchange）推出的，是芝加哥商業交易所的一個工具網站，是公布 30 天期聯邦基金期貨價格（以美國 30 天期 500 萬美元的聯邦基金為標的物的利率期貨合約），可以預測未來聯準會升息及降息的機率及美國利率走勢，其產生的期貨價格是反映市場對聯邦基金有效利率的預期。

　　由於聯邦基金有效利率是反映美國市場短期利率，加上美國市場利率也會影響到台灣的利率走向，並且美國是屬於大的經濟體，相對台灣是屬於小的經濟體，所以台灣的政治及經濟的決策模式，通常會以美國的政經政策為主，如高價購買美國武器及疫苗，及對於經濟及投資活動亦是多方配合，因此利率的政策台灣也是追隨者。

　　如果美國和台灣的利差太大，會造成台灣資金外移，資金大量外移會衝擊到台灣的經濟、股市及房市，所以對利率的政策必須謹慎處理，才不至於衝擊到台灣的經濟活動，尤其是本書所探討的房市。

　　聯準會相當於台灣的中央銀行，因此會規定各家商業銀行都必須提撥一定比例的存款準備金來存放，以確保商業銀行都有足夠的現金去提供民眾的提領，如果商業銀行的資金不足以民眾提領時，商業銀行可以彼此借貸這些存放在聯準會的準備金（就是超額準備金），而聯邦基金利率，就是聯準會

希望各間商業銀行之間彼此拆借的隔夜利率範圍，將隔夜利率拆借的加權平均或取中間值，該值就是所謂的聯邦基金有效利率，該利率可以視為商業銀行們拆借資金的持有成本。台灣央行則是透過重貼現率來達到控制利率的政策。

升息是中央銀行收緊貨幣政策的手段，當聯準會或央行決定要升息時，商業銀行也會將利率隨之提高，因為商業銀行會將利率轉嫁給民眾，所以民眾放在銀行裡的存款利率會提高；相對的，民眾借款利率也會提高。

升息利率公式範例計算： 升息機率的公式 =〔（100- 聯邦基金利率期貨結算價 - 有效聯邦基金利率）÷ 預期變動幅度〕×100%，舉例 7 月升息一碼（0.25%）的機率為，（100-94.83-4.83）÷ 0.25（即升息一碼）×100% = 136%，所以預期 11 月升息的機率高達 136%。

基準利率 = 有效聯邦基金利率 =4.83（截至 2023 年 6 月 12 日）

我們從 CME Group（聯邦基金利率期貨報價）中舉例，以圖 1 及表 1 中之 2023 年 6 月 12 日晚上 6 點的報價為例，在上述例子中，我們可以看到 6 月到 10 月的價格依序為 94.885（6 月）、94.83（7 月）、94.71（8 月）、94.715（9 月）及 94.725（10 月），我們可以舉例 7 月報價（參考圖 1）為範例；當時 2023 年 7 月期貨結算的價格為 94.83，我們在計算時必須先將 100 扣除掉期貨的價格，得到的是 5.17，將 5.17 乘上 100% 便是當月份的隱含利率 5.17%，再和目前的基準利率相減。

假設 2023 年 6 月 12 日當時的基準利率為 4.83%，就可以算出利差 0.34%（5.17%-4.83%），然後再計算要升 1 碼的機率（除以 0.25）、2 碼的機率（除以 0.50），本例中以升 1 碼的機率為例，故再將利差 0.34% 除以 1 碼（0.25%），所得到的計算結果便是 7 月升息 1 碼的機率，7 月算出升息 1 碼的機率為 136%，由於 136% 的機率算是很高的，因此可以預期美國 7 月會升息，其升息的幅度約為 1 碼。

本文中當美國升息 1 碼後，其 1 碼的升息也會直接影響台灣央行升息的預期，若台灣升息將會影響民眾對房市的自住及投資，因此對於投資房市的

民眾是可以透過 FedWatch 的工具，以利提前了解美國聯準會及台灣中央銀行升息及降息的機率，及提前對於不動產市場提前布局及未來因應。

圖 1：聯邦基金利率期貨報價

MONTH	OPTIONS	CHART	最后	变化	PRIOR SETTLE	OPEN
JUN 2023 ZQM3	OPT	..ıl	94.885	+0.005 (+0.01%)	94.88	94.88
JUL 2023 ZQN3	OPT	..ıl	94.83	+0.01 (+0.01%)	94.82	94.82
AUG 2023 ZQQ3	OPT	..ıl	94.71	+0.005 (+0.01%)	94.705	94.705
SEP 2023 ZQU3	OPT	..ıl	94.715	+0.005 (+0.01%)	94.71	94.705
OCT 2023 ZQV3	OPT	..ıl	94.725	UNCH (UNCH)	94.725	94.72

資料來源：CME Group

表 1：2022 年 8 月至 9 月聯邦基金利率期貨報價及計算過程

日期	2023/6	2022/7	2022/8	2022/9	2022/10
(1)=100	100	100	100	100	100
(2)= 不同月結算價	94.885	94.83	94.71	94.715	94.725
(3)=(1)-(2)*100% 隱含利率	5.115%	5.17%	5.29%	5.285%	5.275%
(4)= 基準利率 =4.83%	4.83%	4.83%	4.83%	4.83%	4.83%
(5)=(3)-(4) 利差	0.285%	0.34%	0.46%	0.455%	0.445%
(6)=(5)/0.25 升息 1 碼機率	114%	136%	184%	182%	178%

資料來源：聯邦基金利率期貨、stockfeel 及作者整理

FedWatch 如何使用與查詢：在查詢處上方可以點選未來幾次的會議時間，例如我們點選會議時間 2023 年 6 月 14 日，首先在 current target rate is 500 至 525（現階段聯準會基金利率在 5% 至 5.25%），接著就可以看到對於升降息預測的機率，有 74.7% 的機率維持不變（500 至 525），25.3% 的機率認為應該調升到（525 至 550），參考如下圖 2。

圖 2：查詢及操作 FedWatch 的工具

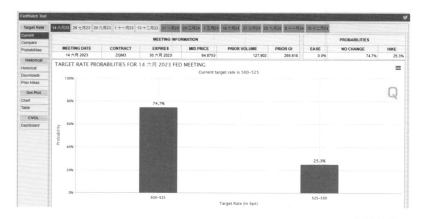

資料來源：CME Group

我們從圖 3 除可以發現 2023 年 6 月 14 日外，也可以點選左邊選項上的 probabilities，發現預測 2024 年 11 月 16 日降息 0.35 至 0.375 的機率達 26.4%。

圖 3：查詢及操作 FedWatch 的工具

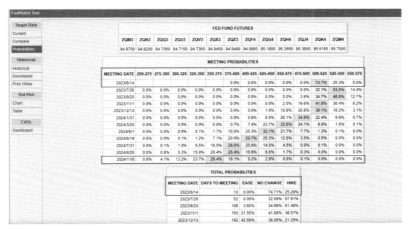

圖 4：查詢及操作 FedWatch 的工具

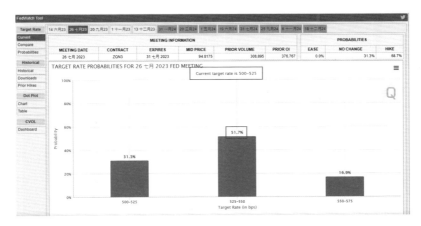

資料來源：CME Group

圖 5：查詢及操作 FedWatch 的工具

FED FUND FUTURES												
ZQM3	ZQN3	ZQQ3	ZQU3	ZQV3	ZQX3	ZQZ3	ZQF4	ZQG4	ZQH4	ZQJ4	ZQK4	ZQM4
94.8775	94.8175	94.7075	94.7200	94.7325	94.8450	94.9325	94.9825	95.1600	95.240	95.3750	95.5975	95.7900

MEETING PROBABILITIES

MEETING DATE	250-275	275-300	300-325	325-350	350-375	375-400	400-425	425-450	450-475	475-500	500-525	525-550	550-575
2023/6/14						0.0%	0.0%	0.0%	0.0%	0.0%	69.0%	31.0%	0.0%
2023/7/26	0.0%	0.0%	0.0%	0.0%	0.0%	0.0%	0.0%	0.0%	0.0%	0.0%	31.3%	51.7%	16.9%
2023/9/20	0.0%	0.0%	0.0%	0.0%	0.0%	0.0%	0.0%	0.0%	0.0%	3.1%	33.4%	48.3%	15.2%
2023/11/1	0.0%	0.0%	0.0%	0.0%	0.0%	0.0%	0.0%	1.6%	18.9%	41.1%	31.1%	7.3%	
2023/12/13	0.0%	0.0%	0.0%	0.0%	0.0%	0.0%	0.0%	0.7%	9.5%	29.0%	36.5%	20.2%	4.0%
2024/1/31	0.0%	0.0%	0.0%	0.0%	0.0%	0.0%	0.0%	7.2%	23.8%	34.5%	24.6%	8.3%	1.1%
2024/3/20	0.0%	0.0%	0.0%	0.0%	0.0%	0.5%	6.2%	21.5%	33.0%	26.0%	10.6%	2.1%	0.1%
2024/5/1	0.0%	0.0%	0.0%	0.3%	3.8%	15.0%	28.1%	29.0%	17.1%	5.7%	1.0%	0.1%	0.0%
2024/6/19	0.0%	0.0%	0.1%	1.0%	6.2%	17.8%	28.3%	26.4%	14.7%	4.7%	0.8%	0.0%	0.0%
2024/7/31	0.0%	0.1%	1.0%	6.1%	17.7%	28.2%	26.5%	14.8%	4.8%	0.8%	0.1%	0.0%	0.0%
2024/9/25	0.0%	0.8%	5.0%	15.2%	25.9%	26.8%	17.4%	7.0%	1.7%	0.2%	0.0%	0.0%	0.0%
2024/11/6	0.2%	1.4%	6.5%	16.7%	26.0%	25.5%	15.9%	6.2%	1.5%	0.2%	0.0%	0.0%	0.0%

TOTAL PROBABILITIES

MEETING DATE	DAYS TO MEETING	EASE	NO CHANGE	HIKE
2023/6/14	9	0.00%	68.98%	31.0%
2023/7/26	51	0.00%	31.35%	68.6%
2023/9/20	107	3.13%	33.39%	63.48%
2023/11/1	149	20.52%	41.13%	38.35%
2023/12/13	191	39.26%	36.54%	24.2%

（左側選單：Target Rate / Current / Compare / Probabilities / Historical / Historical / Downloads / Prior Hikes / Dot Plot / Chart / Table / CVOL / Dashboard）

資料來源：CME Group

2. FED 利率點陣圖：

FOMC 點陣圖（Dot Plot）是美國聯邦準備委員會（FOMC）針對利率未來預測所繪製的圖表，代表 FOMC 成員對未來利率政策的看法和預期。並且在 FOMC 每季會議後（3、6、9、12 月會議），FOMC 的成員都會匿名提交自己對於未來利率的預測，並且 FOMC 會將這些預測整理在一起，並且繪製成點陣圖。

如何找到 FED 利率點陣圖，首先到 GOOGLE 打入 FOMC，然後進入網頁（如圖 6），在網頁在點選 Meeting calendars and information，在聯儲的網頁上，找出對應月份，即是 3、6、9 和 12 月（如圖 7 選澤 3 月份）。選擇 3 月份的 Projection Materials（預測資料）中，通常到文件中的第 4 或第 5 頁（如圖 8），便可以找出點陣圖。

圖 6：FOMC 網頁

資料來源：FOMC

圖 7：FOMC 網頁

資料來源：FOMC

圖 8：利率點陣圖

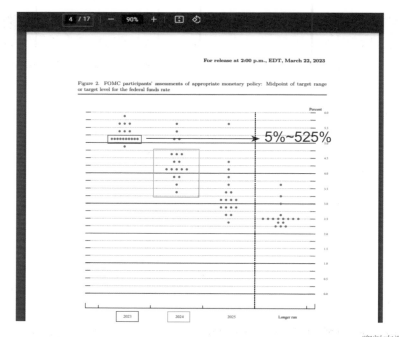

For release at 2:00 p.m., EDT, March 22, 2023

Figure 2. FOMC participants' assessments of appropriate monetary policy: Midpoint of target range or target level for the federal funds rate

5%~525%

資料來源：FOMC

在點陣圖中，我們可以看到委員們對 2023 年、2024 年、及 2025 年尾聯邦基金利率的預期，從上圖 8 我們可以發現在 2023 年底中，看到當中不夠 19 個點，是因為當中委員有空缺，或委員沒有表達意見，其中有 10 個委員認為聯邦基金利率會落在 5% 至 5.25%，但是在 2024 年底有 14 個委員認為應該會降息。

由於降息對於不動產市場是一項利多的政策，因此現階段的升息政策及平均地權條例通過後，其房價將會慢慢軟著陸，此時自住者或投資者則可利用此時狀態購屋，所以投資不動產的讀者，可利用利率點陣圖掌握世界經濟及利率的脈絡，以利把握投資不動產的良機。

FOMC：是聯邦公開市場委員會（Federal Open Market Committee, FOMC）

的縮寫，主要任務是制定美國的貨幣政策，以取得國家經濟成長與通貨膨脹之間的平衡。

FOMC 所做出貨幣政策，包括公開市場操作、存款準備率及重貼現率，該貨幣政策是由紐約聯邦準備銀行負責公開市場操作的，藉由上述的政策影響商業銀行彼此間隔夜的拆款利率，進而產生短期市場利率，再由短期市場利率影響長期利率，FOMC 就是藉由上述的政策來影響金融市場的利率，因此 FOMC 通過制定貨幣政策和調整利率等措施，來影響整個經濟環境和金融市場，其中不動產市場對於調整利率的措施就會影響很大的。

FOMC 會議時間（2023）：FOMC 每年固定會在華盛頓特區舉辦 8 次利率決策會議（參考表 2），每隔 5 至 8 週開一次會議，會議時間不固定，不過時程表都會預先公佈；也會視情況臨時加開會議。

表 2：2023 年 FOMC 會議時間

次數	時間	利率結果
第 1 次	2023/1/31~2023/2/1	4.75%（升 1 碼）
第 2 次	2023/3/21~2023/3/22	5.00%（升 1 碼）
第 3 次	2023/5/2~2023/5/3	5.25%（升 1 碼）
第 4 次	2023/6/13~2023/6/14	暫停升息
第 5 次	2023/7/25~2023/7/26	5.50%（升 1 碼）
第 6 次	2023/9/19~2023/9/20	尚未
第 7 次	2023/10/31~2023/11/1	尚未
第 8 次	2023/12/12~2023/12/13	尚未

資料來源：FOMC 及作者整理

🏠 從美國聯準會及央行升降息解析台灣房市

> 從美國聯準會升降息（聯邦基金利率升降息），及如何影響我國央行升降息，進而影響房貸利率及影響房市。

　　美國為了對抗通膨，美國聯準會已經從 2022 年一連串升息下，到 2023 年 8 月，已經升息了 11 次（參考表 3）及合計共 21 碼（共 5.25%），台灣則升息了 5 次合計共 3 碼（共 0.75%）。在美國利率升息之下，目前美國及台灣房市價量均跌，所以在美國大幅的升息下，不僅影響美國房市，也深深影響到台灣的房市。

　　台灣房市從 2022 年 3 月央行開始升息起，房屋交易量就逐漸減少，其房價從 2022 年底也開始下跌，到 2023 的第二季下跌又稍明顯，另外根據芝商所 FedWatch 的工具顯示，維持利率目標區間為 5% 至 5.25%（參考圖 2），相信在美國升息後，台灣升息也必蠢蠢欲動，2023 年 8 月台灣貸款利率最低為 2.07%，已經突破貸款利率可接受的 2% 上限，相信未來在美國升息下，台灣房市在面對 2023 年通膨及景氣不佳下，投資及自用將受到升息的影響下，房市表現將很難樂觀。

表 3：美國聯準會升息日期、升息幅度及利率區間

升息日期	升息幅度	利率
2022/3/17	升息 1 碼	（0.25%~0.50%）
2022/5/4	升息 2 碼	（0.75%~1.00%）
2022/6/16	升息 3 碼	（1.50%~1.75%）
2022/7/27	升息 3 碼	（2.25%~2.50%）
2022/9/22	升息 3 碼	（3.00%~3.25%）
2022/11/3	升息 3 碼	（3.75%~4.00%）
2022/12/14	升息 2 碼	（4.25%~4.50%）
2023/2/2	升息 1 碼	（4.50%~4.75%）
2023/3/22	升息 1 碼	（4.75%~5.00%）
2023/5/3	升息 1 碼	（5.00%~5.25%）

資料來源：美聯儲及作者整理

1. 聯邦基金利率（Federal Fund Rate）：

　　為美國銀行和銀行間銀行同業隔夜拆款的利率，聯準會規定了銀行每天下班後必須達到持有現金的下限，若未達到的銀行，是可以利用同業拆款以達到現金的下限，其銀行彼此拆借現金是必須付出利息的，該利息就是聯邦基金利率算出來的，聯邦基金利率所代表的是短期市場利率的水準。

　　通常 FOMC 會對聯邦基金利率設定目標區間，透過公開市場操作以確保利率維持在此區間內，並且聯準會希望商業銀行之間是彼此借款的利率範圍，因此聯邦基金利率也是商業銀行將超額準備金借給其他資金短缺銀行的計息標準，也可以視為銀行們借貸資金的持有成本。該利率除影響短期利率，並且間接影響商業銀行的房屋貸款、汽車貸款及信用卡的循環利率，因此商業銀行的各項業務通常會根據聯邦基金利率來確定各項貸款的利率。

　　聯邦基金有效利率：通常美聯儲設定聯邦基金利率目標後，會透過公開市場操作和調整準備金等市場參與手段來引導聯邦基金有效基金利率向目標

利率靠近。這裡所說的聯邦基金有效基金利率指的是，透過銀行間拆借利率後的加權平均值或是中位數，因此是由供給及需求所決定的市場利率。

有效聯邦基金利率也就是「無擔保商業銀行」的隔夜拆款利率，它是整個銀行間拆借利率的加權平均值或是中間值，聯邦基金的有效利率（Effective Federal Fund Rate，EFFR） 是為前一個工作日隔夜聯邦基金交易的有效中位利率（因為各家銀行彼此間的隔夜拆款利率都不同，所以取中位數就是 EFFR），是由紐約聯邦儲備銀行每日發布的。

Fed（Federal Reserve System）：又稱為聯準會、聯邦準備理事會、美國聯邦儲備理事會。

聯邦基金（Federal Fund）：銀行在中央銀行存放的存款。

聯準會和中央銀行的差異：
（1）**聯準會**：是美國的中央銀行叫做聯準會，也是世界中央銀行的央行，功能是擴大就業、穩定物價、調控長期利率。
（2）**中央銀行**：是管理臺灣銀行的銀行叫做中央銀行，功能是：

聯準會（聯邦基金利率）和央行（重貼現率）的利率調整
（1）聯準會的聯邦基金利率是以同業拆款利率來引導利率。
（2）台灣央行則是透過調整重貼現率來引導市場的利率。

準備金利息利率（Interest Rate On Reserve Balances）IROB：美國商業銀行都必須要在聯準會存放一定金額的準備金，確保銀行有足夠的現金應付客戶的提款需求，或者將多餘的現金存入央行作為超額準備金，因此先前所提的準備金利率（IROB），就是聯準會支付給商業銀行放置美國聯準會準備金的利率，這可以提升商業銀行存準備金的意願。

準備金可以分為法定準備金及超額準備金：
（1）**法定準備金（Required Reserve）及法定準備金利率（Interest Rate on Required Reserves,IORR ）**：商業銀行根據聯準會要求，必須存入央行帳戶的準備金，這筆不能被動用，只會在央行的帳上。聯準會發準備

金的利息給銀行，在美國就稱為法定準備金利率。

（2）**超額準備金（Excess Reserve）及超額準備金利率（Interest Rate on Excess Reserves, IOER）**：若商業銀行存入央行的準備金，若已經超過聯準會法定準備金要求的金額，則該筆資金可以用來拆借給需要資金的商業銀行，並收取該銀行的隔夜利息。

補充法定準備金和超額準備金：2020 年新冠肺炎疫情之後，因聯準會宣布將法定準備金比例降至 0%，也就是等同不再要求法定準備金了，此外，又於 2021 年 7 月 28 日 宣佈將 IORR（法定準備金率）與 IOER（超額準備金率）合併為 IORB（Interest Rate on Reserve Balances）準備金利率，等同聯準會將超額準備金與法定準備金合併，使得整體準備金＝超額準備金，我們也將數據調整成整體準備金，IORB 的功能是可以作為銀行利率的底線，是影響利率的下檔，如果商業銀行把錢放在聯準會至少能取得 IORB，因此就比較不會有意願將錢用低於 IORB 的利率借出，因此它可以做為市場利率的下限。

準備金利率和重貼現率的差異及功能（市場利率的上下限）：

（1）**準備金利率**：由於商業銀行把錢放在聯準會至少能取得 IORB，因此就比較不會有意願將錢用低於 IORB 的利率借出，因此它可以做為市場利率的下限。

（2）**重貼現率**：重貼現率是商業銀行跟聯準會（中央銀行）借款的利率，是商業銀行資金成本最高的資金來源，是市場利率上限。

IORB 及 EFFR 的差異，及兩者利差如何進行套利：準備金利率為金融機構（商業銀行）存放在聯準會的報酬率（由聯準會決定），而 EFFR（有效聯邦基金利率）則為商業銀行互相拆借的成本（由市場決定），兩者間的利差就是商業銀行套利的空間，因為商業銀行可以用較低的利率（EFFR）在同業拆款市場借入資金，並存入聯準會獲取較高的利率（IORB）。過去 IROB（準備金的利率）均高於 EFFR（有效聯邦基金利率），以確立市場的資金是穩定的，所以當 IORB 及 EFFR 兩者利差縮小，即表示市場資金緊俏，及無套利空間，超額準備金的資金也會將流出。

同業隔夜拆款的利率：是指各家商業銀行可以將自己多餘的資金存放在

央行（超額準備金），這些錢稱為超額準備金，可以拆借給任何一家臨時需要調度資金的銀行，並收取一定的利息，這些準備金收取利息的利率，就稱為同業隔夜拆款利率。故同業隔夜拆款利率是直接影響商業銀行的資金成本，因為商業銀行可以將同業拆借市場的資金貸款傳遞給工商的企業及個人，進而影響他們的消費及儲蓄，及賺取企業及個人的利潤。

聯邦基金利率目標的決定：聯邦基金利率目標由聯邦儲備系統（FED）下的聯邦公開市場操作委員會（FOMC）投票決定，聯準會決策機構，每年召開八次會議以設定目標聯邦基金利率，這個利率通常也是市場最關注的利率，在特殊情況下是可能會召開臨時緊急會議。

至於影響 FOMC 做出決定的因素，主要考慮通脹和就業兩方面目標的發展情況，其次可能還會兼顧金融市場的狀況。當通脹和就業低迷，FOMC 將通過調降聯邦基金利率目標增加貨幣的調整以提振經濟，而當通脹和就業過於強勁時，FOMC 則通過調升聯邦基金利率目標來減少貨幣供給以防止經濟過熱。

2. 重貼現率：

重貼現率是商業銀行跟聯準會（中央銀行）借款的利率，利率高低是由聯準會決定的，所以美國的重貼現率也可以稱為聯邦重貼現率（Federal Discount Rate），過去重貼現率通常會高於有效聯邦基金利率（EFFR）許多，所以重貼現率是商業銀行資金成本最高的資金來源，一般的情況下，其商業銀行是不會跟聯準會借錢的，並且聯準會通常會鼓勵商業銀行（有效聯邦基金利率）彼此間互相調度資金，若是借不到的才和聯準會借（重貼現率）。

近年國內物價漲幅持續居高，恐形成較高的通膨預期，台灣央行（參考表 4）從 2022 年 3 月開始升息 1 碼、2022 年 6 月升息半碼、2022 年 9 月升息半碼、2022 年 12 月升息半碼及 2023 年 3 月升息半碼，已經陸續升息 5 次，合計共升息 3 碼（0.75%），參考如下表 5。

我們也可以發現在重貼現率調高後，全國 6 都買賣移轉棟數也相對的減少，從表 5 可以發現在 2022 年的第 3 季，6 都買賣移轉棟已經從 60,000 棟左

右，減少到 50,000 棟左右，2023 年第 1 季買賣移轉棟數更降低到 50,000 棟以下（2022 年 Q3 為 55,990 棟），綜合上述，當央行升息不斷，相對六都買賣移轉棟數交易量也不斷減少，足見升息後在大眾買房後是一項非常重的負擔及買房警訊。

表 4：台灣央行升息日期、升息幅度及重貼現率

升息日期	升息幅度	重貼現率
2022/3/17	升息 1 碼	1.375%
2022/6/16	升息半碼	1.500%
2022/9/22	升息半碼	1.625%
2022/12/15	升息半碼	1.750%
2023/5/3	升息半碼	1.875%

資料來源：中央銀行及作者整理

表 5：台灣央行升息日期、重貼現率及六都買賣移轉棟數

升息日期	重貼現率	六都買賣移轉棟數
2020/3/19	1.125%（降息 1 碼）	53,364（2020 年 Q1）
2022/3/17	1.375%（升息 1 碼）	64,921（2022 年 Q1）
2022/6/16	1.500%（升息半碼）	66,584（2022 年 Q2）
2022/9/22	1.625%（升息半碼）	55,990（2022 年 Q3）
2022/12/15	1.750%（升息半碼）	56,678（2022 年 Q4）
2023/5/3	1.875%（升息半碼）	49,290（2023 年 Q1）

資料來源：中央銀行、內政部及作者整理

　　基準利率是什麼：當我們說聯準會或央行調整利率時，這個利率指的就是「基準利率」，基準利率（Base rate），又稱基本利率，是由央行所公布的利率；每間銀行在決定存款、貸款、貼現利率時，都會把央行制定的基準

利率當成基準；所以儘管每間銀行的利率都不太一樣，但彼此之間也不會相差太多。

基準利率的價值在於讓市場能有個參照標準，同時也能保障人民的權益，否則如果每間銀行都刻意把存款利率壓低、然後把借貸利率拉高的話，會對社會造成很大的影響。

另外，各國基準利率的定義未必一樣，例如在台灣，基準利率指的是重貼現率（央行借錢給一般銀行時的借貸利率）；英國則是指銀行同業拆款利率（銀行彼此之間借錢的利率），而美國則是指聯邦基金目標利率範圍（會是一個範圍，而不是固定利率）。

Fed（聯準會）的聯邦基金利率（Federal Fund Rate），是美國相當代表性的短期利率，同時也是貨幣政策的目標利率。

🏠 從股市及匯市解讀房市

> 從股市看房市，景氣好股市就好，因為股市好獲利了結投資房市。當台幣升值將會導致熱錢流入房市，造成房價上漲。

1. 從股市看房市：

　　股市跟房市之間，本來就有連動性的財富效果，因為只要景氣好，股市也會好，股市好房市就好，因為股市好就會獲利了結投資房市。過去資料也顯示，股市和房價呈現的關聯性非常高，原因是不少人在股市賺錢後，通常也會喜歡將資金轉移到房地產，因為房市更有機會較股市賺得更高的超額報酬及價差。

　　相反的當景氣不好時，股市會跌，會影響到民眾購屋的意願，並且當股市投資者股票大跌且是融資融券時，更會利用房子貸款或賣屋求售，故股市與房市若排除其它特殊因素外，應該是股價漲、房價也會漲；而股價跌、房價也會跌。

　　從圖 9 中之 2020Q1 至 2023Q1，國泰房價指數和加權股價指數的關聯性中，是國泰房價指數和加權股價指數幾乎是同步漲跌的，但加權股價指數反映在前，國泰房價指數反映在後，另外從圖 9 中，可以發現加權股價指數反應在國泰房價指數之前，在 2020Q1 中之加權股價指數開始向上走勢，2020Q2 國泰房價指數也開始走揚，在 2022Q1 加權股價指數開始走跌時，其國泰房價指數在 2022Q4 也開始走跌（見圖 9、圖 10）。

圖 9：2020Q1 至 2023Q1 國泰房價指數和加權股價指數的關聯性

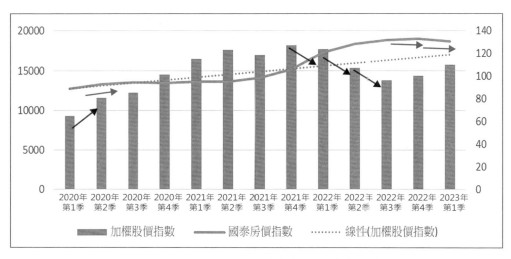

資料來源：國泰建設、台灣證券交易所及作者整理

圖 10：2000~2021 國泰房價指數和加權股價指數的關聯性

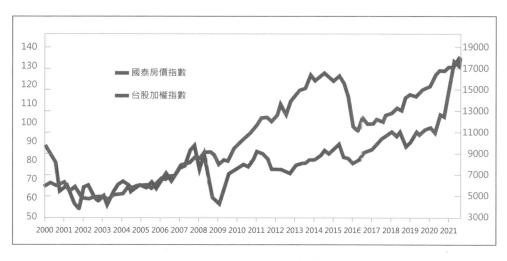

資料來源：國泰建設、台灣證券交易所、樂居

2. 從匯率看房市：

經濟成長強勁時，匯率相對上升值、不動產價格也是上漲；反之下跌。2008 至 2012 年新台幣匯率與房價的走勢更是連動性非常強，因為新台幣的升貶將會導致熱錢的流進及流出，尤其是台灣處於經濟成長率高時，將會導致熱錢流入股市及房市，由於全球的量化寬鬆政策，讓當時新台幣兌換美元不斷走強，當時美元兌換新台幣匯率是由 2009 年第二季的 33.13 元貶值至 2012 年第四季的 29.21 元，其貶值幅度達 11.83%，其美元貶值相對就是新台幣升值。

由於台幣的升值下，當時新成屋價格在 2009 年第二季成交約為 18 萬元，到 2012 年第四季新成屋成交價格約為 29 萬元，其房價升值幅度達 61%；從上述資料印證，當台幣強勢升值時，將會導致熱錢流入股市及房市，常造成股市及房市雙漲，並且當股市投資人從股票市場賺錢後也是流入房市投資，顯示此資金及熱錢的效應是推升國內房價的助力，從表 6 及圖 11 可發現，當新台幣強勢時其房價同時上揚。

表 6：2021Q2 至 2022Q2 匯率和國泰房價指數關係表

季	匯率	國泰房價指數
2021/6（第二季）	27.79	95.25
2021/9（第三季）	28.00	98.83
2021/12（第四季）	27.87	106.50
2022/3（第一季）	28.44	121.05
2022/6（第二季）	29.63	128.33

資料來源：央行及作者整理

圖 11：2021Q2 至 2022Q2 匯率和國泰房價指數關係圖

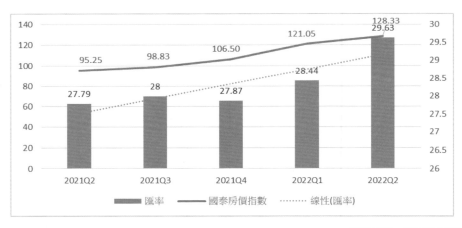

資料來源：央行及作者整理

表 7：匯率和國泰房價指數的買點及賣點

季	匯率	國泰房價指數	買進	賣出
2021/6（第二季）	27.79	95.25		
2021/9（第三季）	28.00	98.83		
2021/12（第四季）	27.87	106.50		相對高點
2022/3（第一季）	28.44	121.05		絕對高點
2022/6（第二季）	29.63	128.33		絕對高點

資料來源：央行及作者整理

　　匯率必需和國泰房價指數同時考量下，才可以了解房市的買進點及賣出點，台幣升值，代表外資到台灣投資股票市場，造成台幣升值，當投資人進入股票市場獲利後，也會到不動產市場投資買房，形成國泰房價指數攀升，如表 7 中的 2022 年第一季匯率為 28.44 及國泰房價指數為 121.05，及 2022 年第二季匯率為 29.63 及國泰房價指數為 128.33，當時環境應均屬於匯市、股市及房市三好的狀態下，是一個房市絕對高點的賣出點，買進點可參考表 8。

表 8：匯率區間和國泰房價指數區間的買點及賣點

匯率	27~31	27~31	31~	31~
國泰房價指數	100~110	110~120	95~100	95 以下
房市	相對高點	絕對高點	相對低點	絕對低點

🏠 從央行貨幣政策解讀未來利率及房市

當重貼現率高，放款利率就會高，會影響投資人買房意願，故影響房市變差，而當存款準備率越高，是緊縮貨幣政策，都會影響房市變差。

1. 重貼現率：

　　近年來美國通膨下，美國利用升息來抗通膨也伴隨著台灣升息，台灣升息的不是我們平常有感的放款利率，而是央行調升的重貼現率，什麼是重貼現率呢，在講重貼現率前，我們必須先認識貼現率，是指持票人以沒有到期的票據向銀行要求兌現，銀行將利息先行扣除所使用的利率，若銀行貼現率高就是扣除利息高，因此持票人會降低到銀行融資貼現。

　　一般商業銀行若現金不夠時，商業銀行除了同業之間拆款外，也可以跟中央銀行借款，向中央銀行借款時，是將先前貼現的商業票據向央行「重貼現」換取資金，此時商業銀行向中央銀行重貼現所支付的利率就是重貼現率，向中央銀行重貼現率的成本（借款利率）可以視為商業銀行的經營成本。

　　若央行重貼現高，商業銀行就會降低融資意願，另外央行在重貼現率公布同時也會同時公布擔保放款融通利率及短期融通利率（參考表9），另下表10提供央行升息的時間及次數，並且後續會和讀者說明清楚。

　　擔保放款融通利率：商業銀行利用政府公債、央行所發行定存單或是央行所認可的票券作為擔保品，然後去跟央行進行短期借款的利率。

　　短期融通利率：銀行沒有央行認可的合格擔保品，卻拿其他擔保品去跟央行借款，這種沒有央行認可的擔保品利率當然會更高。

表 9：中央銀行之重貼現率、擔保放款融通利率及短期融通利率

日期	重貼現率	擔保放款融通利率	短期融通利率
2023/06	1.875%	2.25%	4.125%
2023/05	1.875%	2.25%	4.125%
2023/04	1.875%	2.25%	4.125%
2023/03	1.875%	2.25%	4.125%
2023/02	1.75%	2.125%	4.0%
2023/01	1.75%	2.125%	4.0%
2022/12	1.75%	2.125%	4.0%
2022/11	1.625%	2.0%	3.875%
2022/10	1.625%	2.0%	3.875%
2022/09	1.625%	2.0%	3.875%
2022/08	1.50%	1.875%	3.75%
2022/07	1.50%	1.875%	3.75%

資料來源：央行及作者整理

表 10：央行 2022 年 3 月至 2023 年 5 月共升息 5 次

升息日期	升息幅度	重貼現率
2022/3/17	升息 1 碼	1.375%
2022/6/16	升息半碼	1.500%
2022/9/22	升息半碼	1.625%
2022/12/15	升息半碼	1.750%
2023/5/3	升息半碼	1.875%

資料來源：中央銀行及作者整理

　　從表 9 可以了解央行的重貼現率、擔保放款融通利率及短期融通利率在美國聯準會升息後隨後調升，調升後如表 9，另提供表 10 在近 1 年多，重貼現率的升息幅度及當時利率。

　　重貼現率如何查：首先到中央銀行官網網站，點選貨幣政策與支付系統（如圖 12），再點選利率及準備率的央行貼放利率（如圖 13）。

圖 12：中央銀行網站首頁

圖 13：中央銀行重貼現率的入口

點選利率及準備率的央行貼放利率的選項後，可以發現圖 14 有提供央行 2011 年 4 月 1 日至 2023 年 3 月 24 日的重貼現率、擔保放款融通利率及短期融通利率。

圖 14：中央銀行提供重貼現率、擔保放款融通利率及短期融通利率

重貼現率

字型大小： 小 中 大 ↩

標題(日期)	重貼現率	擔保放款融通利率	短期融通利率
2023/3/24	1.875	2.25	4.125
2022/12/16	1.75	2.125	4
2022/9/23	1.625	2	3.875
2022/6/17	1.5	1.875	3.75
2022/3/18	1.375	1.75	3.625
2020/3/20	1.125	1.5	3.375
2016/7/1	1.375	1.75	3.625
2016/3/25	1.5	1.875	3.75
2015/12/18	1.625	2	3.875
2015/9/25	1.75	2.125	4
2011/7/1	1.875	2.25	4.125
2011/4/1	1.750	2.125	4

資料來源：中央銀行及作者整理

3. 存款準備率：

　　通常我們將錢存入商業銀行時，主管機關規定商業銀行不能 100% 動用這筆資金，是必須保有一定比例的存款當作準備金，未來才能應付民眾提款的需求，而該筆準備金的比例就稱為存款準備金率。区此存款準備率也可以是指銀行的存款不能用於放款的比率，因此，當中央銀行提高存準率時，也就是要求商業銀行必須保留存款更多的流動性，當商業銀行保留存款時，也就是商業銀行將會因此降低放款給民眾。

　　前次中央銀行調整存款準備率的時間是在 2008 年 7 月，日前央行動用存款準備率是過去 14 年來首見，在 2022 年 6 月及 2022 年 9 月各提高存款準備率（調高存款準備率 1 碼），並且央行預估兩次調升存準率後將可回收兩千四百億元的資金，此收縮資金將會促使市場利率逐步上升。

　　總結來說，何謂存款準備率？銀行吸收民眾存款後，央行會要求提存一定比例之金額做為法定準備金，隨時準備存戶做提款動作，例如銀行吸收定期存款一百億元，原本定存準備率為 5%，則商業銀行必須先提 5 億元做為

存款準備金，另外 95 億元才能從事放款，若存款準備率提高為 10% 時，則商業銀行必須先提 10 億元做為存款準備金，另外 90 億元才能從事放款，故當中央銀行提高存款準備率高時，將會降低商業銀行從事放款，並且房市也將會受到衝擊。

央行的存款準備率政策將會影響貨幣乘數，進而影響銀行放款，存款準備金制度對銀行的信用創造影響最為直接，因此，調整法定存款準備率，可直接產生商業銀行的貨幣緊縮或是貨幣寬鬆，並且市場反應最為敏感及迅速的。

存款準備率要如何查詢：首先可以到中央銀行的官方網站，然後點選貨幣政策與支付系統的選項（如圖 15），然後再點選利率及準備率的央行存款及其他各種負債準備金比率的選項（如圖 16）。

圖 15：中央銀行存款準備率的入口

資料來源：中央銀行及作者整理

圖 16：中央銀行存款準備率的選項

資料來源：中央銀行及作者整理

　　點選存款及其他各種負債準備率選項後，將會產生存款準備率的 EXCEL 表之支票及活存等法定準備率的明細，如下圖 17。

圖 17：各種存款的法定準備率

存款及其他各種負債法定準備比率上限[1]					
					單位：對存款額百分比
法定準備率 (88年7月7日以後適用)	支票存款	活期存款	儲蓄存款	定期存款	其他各種負債
最高	25	25	15	15	25

存 款 及 其 他 各 種 負 債 準 備 比 率										
										單位：對存款額百分比
應提準備率 調整日期	支票存款	活期存款	外資活期存款[2] 未超過99年 12月30日餘額部分 / 超過99年12月30日餘額之增加額		儲蓄存款 活期 / 定期		定期存款	其他各種負債 外匯存款[3] / 銀行承作結構型[4]商品所收本金（新臺幣 / 外幣） / 其他項目			
111年 10月 1日	11.250	10.275	25.000	90.000	6.000	4.500	5.500	0.125	5.500	0.125	0.000
111年 7月 1日	11.000	10.025	25.000	90.000	5.750	4.250	5.250	0.125	5.250	0.125	0.000

資料來源：中央銀行及作者整理

貨幣乘數（Money Multiplier）：貨幣乘數＝ 1/ 存款準備金率

如果存款準備金率 10％，那麼貨幣乘數將是 10，代表每一元可以創造最多十元的貨幣量，當存款準備金率降低到 5％時，那麼貨幣乘數將會上升至 20，當存款準備金率上升到 20％時，此時貨幣乘數將會降低至 5，因此央行可以透過存款準備金率的制度，進而影響市場貨幣量的多寡。

央行：2022 年 7 月 1 日起支存、活存、活期儲蓄存款、定存等準備率各調升 0.25 個百分點（央行第一次調整存款準備率）。

發文日期：中華民國 111 年 6 月 16 日

發文字號：台央業字第 1110022750 號

主旨：公告新臺幣存款準備率調整事項。

依據：中央銀行法第 23 條第 1 項及第 2 項、銀行法第 42 條第 1 項，以及「金融機構存款及其他各種負債準備金調整及查核辦法」第 5 條第 1 項。

公告事項：自 111 年 7 月 1 日起，支票存款、活期存款、活期儲蓄存款、定期存款及定期儲蓄存款準備率各調升 0.25 個百分點。調整後各類新臺幣存款準備率如次：

一、支票存款：11%。

二、活期存款：10.025%。

三、活期儲蓄存款：5.75%。

四、定期存款：5.25%。

五、定期儲蓄存款：4.25%。

央行：10 月 1 日起支存、活存、活期儲蓄存款、定存等準備率各調升 0.25 個百分點（央行第二次調整存款準備率）。

中央銀行 111 年 9 月 22 日公布，公告新臺幣存款準備率調整事項。

依據：中央銀行法第 23 條第 1 項及第 2 項、銀行法第 42 條第 1 項，以及「金融機構存款及其他各種負債準備金調整及查核辦法」第 5 條第 1 項。

公告事項：自 111 年 10 月 1 日起，支票存款、活期存款、活期儲蓄存款、定期存款及定期儲蓄存款準備率各調升 0.25 個百分點（參考表 11）。調整後

各類新臺幣存款準備率如次：

一、支票存款：11.25%。

二、活期存款：10.275%。

三、活期儲蓄存款：6%。

四、定期存款：5.5%。

五、定期儲蓄存款：4.5%。

表 11：中央銀行 2022 年 7 月 1 日及 2022 年 10 月 1 日存款準備率

實施日期 / 存款準備率	2022/7/1	2022/10/1
支票存款	11%	11.25%
活期存款	10.025%	10.275%
活期儲蓄存款	5.75%	6%
定期存款	5.25%	5.5%
定期儲蓄存款	4.25%	4.5%

資料來源：中央銀行及作者整理

🏠 投資心法總結

1. 利用 Fedwatch 及利率點陣圖，可以了解美國利率未來走勢（2024 年，預期美國未來會降息），進而推估台灣利率走勢，當推估台灣利率（台灣未來降息）走勢後，將會推升房市買賣及帶動房市活絡。

2. 當美國聯準會預期降息後，央行將會調降重貼現率，當重貼現率調降後，將會引導商業銀行調降存放款利率，放款利率調降後，將會活絡不動產市場買賣交易。

3. 股市跟房市之間，本來就有連動性的財富效果，當股市好及股市賺錢後，資金就會從股市移動到房市，屆時房市不動產買賣交易及買賣移轉棟數增加。

4. 當經濟成長強勁時，匯率相對上升值、不動產價格也跟著上漲。因為當一個國家經濟強時，會引起外資投資該國股票市場，外資資金流入會引起當地貨幣升值及也會帶動當地不動產市場活絡。

Chapter 04
經濟面
房地產指標

　　中央銀行於 2023 年 6 月 15 日召開理監事會議，開完會後宣布利率維持不變，終結先前的連續五季升息，但是央行針對房市祭出新的管理制度，宣布調整選擇性信用管制措施，新增規範自然人特定地區第 2 戶購屋貸款最高成數上限為 7 成的規定，並且於 2023 年 6 月 16 日起實施。

　　由於近年來國內房價逐漸高漲，引起央行對貨幣政策在房價角色上的運用，希望降低房價大幅波動及房價高漲，本章中將會把央行的貨幣政策之重貼現率和重貼現率相關擔保放款融通利率和短期融通利率一併說明，因為重貼現率的變化，會適時反應國家的經濟狀況，當經濟成長率不斷增長時，會造成通膨增加，央行就必需讓重貼現率提高，以達到緊縮貨幣政策來降低通膨；相反的，若是經濟成長率變緩時，央行可能會降低重貼現率，以達到擴張貨幣政策來刺激經濟。

　　另外，央行的存款準備率政策之調整法定存款準備率，可直接產生商業銀行的貨幣緊縮或是貨幣寬鬆，並且市場反應是最為敏感及迅速的，本章將會詳細說明近幾年來央行在存款準備率上的實施。另觀察近期國內外經濟情勢，目前緊縮貨幣政策的效果正逐漸發酵，因為行政院主計總處的經濟成長率不斷的向下調整，及國發會公佈的景氣對策信號表現也並不是太好，鑑於國內現階段 GDP 持續趨緩、房貸利率已超過 2%（房貸利率最低為 2.06%）、及平均地權條例於 2023 年 7 月 1 號實施，將會導致短期內房市前景並不是太樂觀。

　　最後本章將會從外銷訂單金額及採購經理人指數等經濟面房地產指標解讀經濟的現況，及推測未來房市的走勢及影響，該章也希望從央行、主計總

處及經濟部提供的資訊及經濟面房地產指標，以解讀房市及買點，另仍然期許讀者們能掌握這些經濟面房地產指標及定義說明，來自行判斷何時何地應該進入不動產市場投資及自住，並且本章也會詳細解釋經濟面房地產指標在概估統計、初步統計、前值、初值、修正值及終值的定義及說明，讀者可以非常了解在介紹經濟面房地產指標時，常出現的專業名詞。

從經濟成長率及景氣對策信號解讀房市

從經濟成長率、景氣對策信號，了解如何影響利率走勢，進而影響房貸利率及影響房市趨勢。

1. 經濟成長率：

通常是指一國經濟成長的衡量指標，如果成長率高，則代表經濟成長強勁及房市好，房市若成長率低，則代表經濟成長放緩及房市差。一般政府所謂的「經濟成長率」指的就是「國內生產毛額」（Gross Domestic Product,GDP），是指在一個地區在一定時間內的生產總值或地區生產總值，也就是一個區域內的經濟活動中所生產出之全部最終成果（產品和勞務）的市場價值。

所以經濟成長是指實質 GDP 的成長率，是依據國民經濟會計帳，從生產面、支出面及所得面核實編製，這項總體指標包括最完整的總體經濟活動，可以完整地描述一個國家景氣的走勢，因此國內生產毛額（GDP）是以國境、地域性為基礎，是指一個國家在特定時間內（一季或一年），經濟活動產出的產品或勞務的市場價值總額。

經濟成長率公式＝
（當期實質 GDP －前期實質 GDP）÷ 前期實質 GDP×100 ％。

概估統計：近幾年來政府在發布經濟成長率初步統計之前會進行概估，概估與初步統計皆屬統計數，該項數據是屬於事後的統計，而非事前的預測，並且是由行政院主計總處公布的，而所謂的概估是在資訊不充份下所做的統計，因此概估也稱為概估統計，經濟成長率的概估是於每季結束後一個月內，依據國民經濟會計帳所編算的數字。

　　過去而言，通常預測數和統計數會出現較大的落差，但概估數與初步統計不會差太遠。過去經濟成長率預測經驗，預測數讓人差距太大，而概估統計兼具即時與準確，所以現階段就以概估統計提供。

　　初步統計：也是由行政院主計總處公布的，是在每一季後兩個月內公布的，下表提供台灣概估統計及初步統計的時間。

　　前值：就是指該數據上一次的公布值，舉例來說 2022 年 5 月公佈經濟成長率為 2.3%，2022 年 4 月經濟成長率 2.2% 就是前值了。

　　初值：是一個預測值，初值公佈時，其實該指標統計尚未完成，所以該值是一個估計值，待指標統計完成後，這個指標稱為終值。

　　修正值：對於初值進行修正，修正後的值就稱為修正值，通常初值公佈後的下 1 個月公佈修正值。

　　終值：初值的完成值就稱為終值，是根據完整統計計算出來的，通常初值公佈後的下 2 個月公佈終值，及修正值公佈後的下 1 個月。

　　上述將經濟成長率的專有名詞及公佈順序說明後，另將下表 4 及表 5 告訴讀者說明台灣及美國經濟成長率的公佈時間：

表 4：台灣行政院主計總處公布概估統計及初步統計經濟成長率時間

季度	第 4 季初步統計 前月概估統計	第 1 季初步統計 前月概估統計	第 2 季初步統計 前月概估統計	第 3 季初步統計 前月概估統計
台灣時間	2/15~2/20	5/15~5/20	8/15~8/20	11/15~11/20

資料來源：行政院及作者整理

表5：美國公布經濟成長率初值、修正值及終值時間

季度	第1季	第2季	第3季	第4季
初值 修正值 終值 美國時間	4月 5月（隔1月） 6月（隔2月）	7月 8月 9月	10月 11月 12月	1月 2月 3月

資料來源：美國商務部及作者整理

　　主計總處 2023 年 5 月公布最新經濟預測，估 2023 年經濟成長率為 2.04%，較 2 月預測數 2.12% 減少 0.08 個百分點，另第 1 季經濟成長率為負 2.87%、第 2 季預測有望轉為正成長 1.82%、第 3 季 3.18%、第 4 季為 5.77%。

　　為實際了解台灣經濟成長率，首先我們可以到行政院主計總處的官方網站，官方網站參考圖 7，然後點選重要經社指標，出現重要經社指標後，在點選經濟成長率選項，然後得到經濟成長率的結果，參考圖 8。

圖 7：行政院主計總處的網站首頁

資料來源：行政院主計總處及作者整理

圖 8：行政院主計總處重要經社指標 - 經濟成長率

資料來源：行政院主計總處及作者整理

從表 6 及圖 9 可以發現經濟成長率越高，六都買賣移轉棟數越高，2021Q2 經濟成長率為 7.85% 所相對應買賣轉棟數為 72,301 棟，2021Q4 經濟成長率為 5.23% 所相對應為買賣移轉棟數為 77,566 棟，2022Q4 經濟成長率為 -0.78% 所相對應為買賣移轉棟數為 56,415 棟，2023Q1 經濟成長率為 -2.87% 所相對應為買賣移轉棟數為 49,245 棟，因此可以看出一個趨勢為經濟成長率越高，其六都買賣移轉棟數越高，相反的經濟成長率越低，其六都買賣移轉棟數越低。

表 6：2021Q1 至 2023Q1 六都買賣移轉棟數及經濟成長率關係

時間	經濟成長率（%）	買賣移轉棟數（棟數）
2021 年 Q1	9.29%	62,157
2021 年 Q2	7.85%	72,301
2021 年 Q3	4.14%	55,726
2021 年 Q4	5.23%	77,566
2022 年 Q1	3.87%	64,921
2022 年 Q2	2.95%	66,584
2022 年 Q3	3.64%	55,900
2022 年 Q4	-0.78%	56,415
2023 年 Q1	-2.87%	49,245

資料來源：行政院主計總處及作者整理

圖 9：2021Q1 至 2023Q1 六都買賣移轉棟數及經濟成長率之趨勢關係

資料來源：行政院主計總處及作者整理

2. 景氣對策信號：

　　景氣指標與對策信號乃是為衡量經濟景氣概況，將一些足以代表經濟活動且能反映景氣變化的重要總體經濟變數，以適當統計方式處理，編製而成。目前國發會發布包含領先、同時、落後三種景氣指標，並同時發布景氣對策信號（景氣燈號），提供各界衡量我國景氣脈動之用。景氣指標及景氣燈號意義、功能如下：

（1）領先指標

　　由外銷訂單動向指數（以家數計）、實質貨幣總計數 M1B、股價指數、工業及服務業受僱員工淨進入率、建築物開工樓地板面積（住宅、商辦、工業倉儲等）、實質半導體設備進口值，及製造業營業氣候測驗點等 7 項構成項目組成，具領先景氣波動性質，可用來預測未來景氣之變動。

（2）同時指標

　　由工業生產指數、電力（企業）總用電量、製造業銷售量指數、批發、零售及餐飲業營業額、非農業部門就業人數、實質海關出口值，與實質機械及電機設備進口值等 7 項構成項目組成，代表當前景氣狀況，可以衡量當時景氣之波動。

（3）落後指標

　　由失業率（取倒數）、製造業單位產出勞動成本指數、金融業隔夜拆款利率、全體金融機構放款與投資，及製造業存貨價值等 5 項構成項目組成，用以驗證過去之景氣波動。

（4）景氣對策信號

　　景氣對策信號係以類似交通號誌之 5 種不同信號燈表示目前景氣狀況，其中「綠燈」表示景氣穩定、「紅燈」表示景氣熱絡、「藍燈」表示景氣低迷，至於「黃紅燈」及「黃藍燈」二者均為注意性燈號，宜密切觀察景氣是否轉向，藉由不同的燈號，提示政府應採取之對策，亦可利用對策信號變化做為判斷

景氣榮枯參考。

目前國發會編製之對策信號由貨幣總計數 M1B、股價指數、工業生產指數、非農業部門就業人數、海關出口值、機械及電機設備進口值、製造業銷售量指數、批發、零售及餐飲業營業額，及製造業營業氣候測驗點等 9 項構成項目組成。

台灣景氣對策信號公佈時間：是由國發會公佈的，國發會景氣燈號是每月發佈，大約 26 ～ 30 日的 16：00 發佈。（本月公佈上月信號）

9 項景氣指標：
實質貨幣總計數 M1B（領先指標）
股價指數（領先指標）
工業生產指數（同時指標）
製造業銷售量指數（同時指標）
批發、零售及餐飲業營業額（同時指標）
非農業部門就業人數（同時指標）
實質海關出口值（同時指標）
實質機械及電機設備進口值（同時指標）
製造業營業氣候測驗點（同時指標）

景氣對策信號燈號及對照分數點
「藍燈」：9-16 分
「黃藍燈」：17-22 分
「綠燈」：23-31 分
「黃紅燈」：32-37 分
「紅燈」：38-45 分

2023 年 6 月 29 號國家發展委員會公佈 2023 年 5 月景氣對策信號，景氣對策信號綜合判斷分數為 12 分，較上月增加 1 分，燈號續呈藍燈；景氣領先指標轉為下滑，同時指標下跌但跌幅縮小，從上述資料發現，景氣指標及同時指標仍屬於下跌階段，因此經濟成長將為停滯甚至下跌，其經濟狀況仍屬

不佳的階段，為實際了解台灣景氣對策信號綜合判斷分數及對照的燈號，首先我們可以到國家發展委員會的官方網站（如圖 10），然後點選重要指標選項，其景氣對策信號綜合判斷分數及對照燈號的結果，如下圖 11，另提供表 7 之對照表。

圖 10：國家發展委員會的網站首頁

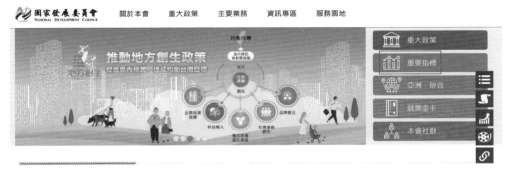

資料來源：國家發展委員會及作者整理

圖 11：國家發展委員會景氣對策信號及綜合分數

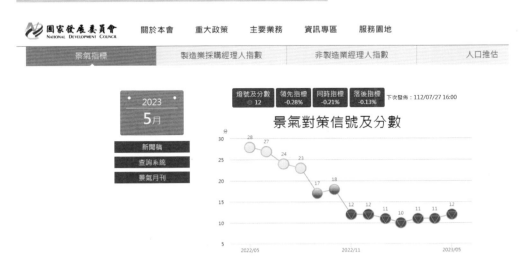

資料來源：國家發展委員會及作者整理

表 7：景氣對策信號之領先指標、同時指標及落後指標

代表	景氣信號	景氣指標		
指標	景氣對策信號	領先指標	同時指標	落後指標
功能	信號顯示	預測未來	衡量現況	了解過去
構成項目	1. M1B 2. 股價指數 3. 工業生產指數 4. 非農業部門就業人數 5. 海關出口值 6. 機械及電機設備進口值 7. 製造業銷售量指數 8. 批發零售及餐飲營業額 9. 製造業營業氣候測驗點	外銷訂單 M1B 股價指數 半導體設備 建築物開工 工業及服務業 製造業營業氣候	非農業部門 實質海關 工業生產指數 機械及電機設備 批發零售餐飲 製造業銷售量 電力總用電量	金融機構放款 製造業勞動成本 失業率 金融業拆款利率 製造業存貨

資料來源：國家發展委員會及作者整理

表 8：景氣對策信號和全國買賣移轉棟數之關係

日期	景氣對策信號	全國買賣移轉棟數
2022/4	28	29,485
2022/5	28	32,122
2022/6	27	32,707
2022/7	24	23,129
2022/8	23	22,742
2022/9	17	27,863
2022/10	18	30,160
2022/11	12	32,734
2022/12	12	36,421
2023/1	11	31,875
2023/2	10	20,172
2023/3	11	32,729
2023/4	11	28,861
2023/5	12	29,594

資料來源：國家發展委員會及作者整理

「藍燈」：9-16 分　　　「黃藍燈」：17-2 分　　　「綠燈」：23-31 分
「黃紅燈」：32-37 分　　「紅燈」：38-45 分

圖 12：景氣對策信號和全國買賣移轉棟數之趨勢關係

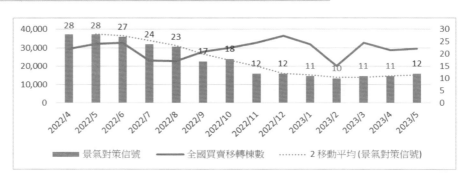

資料來源：國家發展委員會及作者整理

　　2022 年在國內外因素衝擊下，上半年及下半年房市呈現兩極化，上半年房市仍然表現好，量價均齊揚；下半年，在政策干擾及利率升高下，房市開始盤整後下跌，尤其 2023 年表現更為明顯。

　　從表 8 及圖 12 可以發現在 2022 年 5 月景氣對策信號的分數為 28 分後開始下跌，尤其是 2022 年 9 月景氣對策信號的分數為 17 分，是一個明顯經濟不好下跌的狀況，甚至在 2023 年 2 月景氣對策信號的分數為 10 分，更是一個景氣非常差的狀況。

　　我們回頭看在 2022 年 12 月之全國買賣移轉棟數為非常明顯下滑的狀況，但在 2022 年 2 月中，其景氣對策信號的分數和全國買賣移轉棟數上，是雙雙表現最差的月份。

　　另在圖 12 中可以發現景氣對策信號表現上，在 2022 年 5 月至 2023 年 8 月，其經濟表現上也一路下滑，但買賣移轉棟數在 2022 年 12 月才開始表現下滑，主要因素是 2022 年屬於高通膨的一年，當時美國聯準會為了抗通膨而不斷的升息，同樣在台灣也處於升息的階段，由於升息買房是一項抗通膨最好的投資策略，因此即使經濟開始下滑，買房保值及增值仍然是投資人考量的重點。

　　但現況由於房價太高造成民怨，故政府在 2022 年前後實施許多防炒房的措施，如房地合一 2.0、實價登錄 2.0 及平均地權條例下，目前房市交易量已明顯下滑，但房價在通膨的狀況下，短期下跌並不會產生，但 2024 年美國可能經濟面臨降息的情況下，屆時房市的交易量及房價均可能同時下滑，此時應該是讀者可以考量買房的階段。

　　通常景氣對策信號分數和台股表現，可以發現景氣對策信號往往與台股是亦步亦趨的，是一個非常完整的領先指標，在圖 12 中，其景氣對策信號和買賣移轉棟數均在 2022 年 5 月就開始變現不佳，但在 2022 年 8 月全國買賣移轉棟數仍然是逐步上揚或是盤整，但在全國買賣移轉棟數真正表現明顯下滑是在 2023 年 1 月以後，故景氣對策信號是買賣移轉棟數至少提早 3 個月以上的領先指標，故建議讀者在買房投資上可以好好參考景氣對策信號的指標。

表 9：景氣對策信號的房市買進點及房市賣出點

燈號	分數	房市買進	房市賣出
藍燈	9~16	絕對低點	
黃藍燈	17~22	相對低點	
綠燈	23~31	考量	考量
黃紅燈	32~37		相對高點
紅燈	38~45		絕對高點

資料來源：國家發展委員會及作者整理

從外銷訂單金額及採購經理人指數分析房市

外銷訂單金額高則經濟好，採購經理人指數高則經濟好，兩者都是可以參考的方向。

經濟部統計處 20 日發布 6 月外銷訂單，據上月預估，6 月外銷訂單金額約落在 465 億美元至 468 億美元，年減 21.0% 至年減 17.6%，目前已經陷入「連十黑」，主要原因為全球經濟成長放緩，消費需求不振，產商投資意願降低，未來通膨若未顯著下降、烏俄戰爭仍持續及兩岸關係未顯著改善，恐仍抑制外銷訂單。

台灣是一個出口導向的國家，其經濟成長主要以出口為導向，因此若外銷訂單仍陷入不振下，房市也將因經濟成長過慢而產生買賣較為停滯。由於外銷訂單可做為出口的領先指標，出口也視為經濟成長的領先指標，因此出口不好將會導致經濟成長下滑，經濟成長下滑也將會造成房市衰退，故在出口將呈現衰退下，科技業首先衝擊最大，故未來應呈現整體景氣保守，判斷房市可能持續走衰而形成量縮價緩跌。

表 10：2022 年 4 月至 2023 年 5 月外銷訂單金額及全國買賣移轉棟數

日期	外銷訂單金額（百萬美元）	全國買賣移轉棟數
2022/4	51,898	29,485
2022/5	55,434	32,122
2022/6	58,834	32,707
2022/7	54,257	23,129
2022/8	54,587	22,742
2022/9	60,935	27,863
2022/10	55,398	30,160
2022/11	50,143	32,734
2022/12	52,174	36,421
2023/1	47,514	31,875
2023/2	42,119	20,172
2023/3	46,585	32,729
2023/4	42,489	28,861
2023/5	45,683	29,594

資料來源：經濟部統計處及作者整理

圖 13：2022 年 4 月至 2023 年 5 月外銷訂單金額及全國買賣移轉棟數走勢

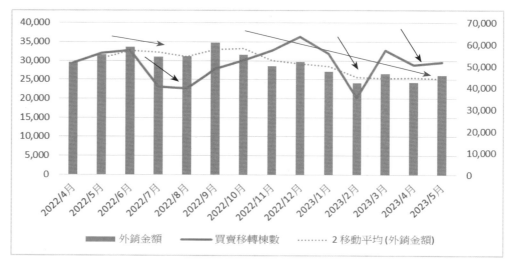

資料來源：經濟部統計處及作者整理

　　從表 10 及圖 13 可以發現外銷訂單金額多寡和全國買賣移轉棟數高低呈現高度相關，過去實證研究外銷訂單金額至少領先三期反應，從圖 13 可以發現 2022 年 9 月外銷訂單金額明顯下跌，但在全國買賣移轉棟數在 2022 年 12 月也開始明顯顯著下跌，故未來在投資房市時，可在外銷訂單金額明顯下跌趨勢時，就必須在全國買賣移轉棟落後三期仍屬高原期時產生賣出高點，故此操作方式可建議投資者操作此策略。

2. 採購經理人指數：

是各國觀察景氣是否反轉的領先指標，採購經理人指數會介於 0 ～ 100% 之間。

若高於 50%，表示製造業或是非製造業景氣正處於**擴張期**。

若低於 50%，表示製造業或是非製造業景氣正處於**緊縮期**。

是由中華經濟研究院每月初所提供的一項指數，該指數的編製方法是參考美國的製造業採購經理人指數，按月進行調查，同樣編製成製造業採購經理人指數（PMI）、非製造業經理人指數（NMI）。

2023 年 6 月之台灣採購經理人指數（PMI）已連續 4 個月緊縮，雖指數回升 7.0 個百分點至 48.3%，但因低於 50%，表示製造業或是非製造業景氣正處於**緊縮期**，表 11 可以發現在 2022 年 6 月採購經理人為 53.6%，因仍高於 50%，表示製造業或是非製造業景氣正處於**擴張期**，但從 2022 年 7 月採購經理人為 **47.8%**，因**低於 50%**，表示製造業或是非製造業景氣開始處於緊縮期，截至 2023 年 6 月為止，因採購經理人指數為 **48.3%**，因仍**低於 50%**，所以目前仍屬於**緊縮期**。

表 11：2022 年 4 月至 2023 年 6 月採購經理人指數

日期	採購經理人指數
2022/4	56.3%
2022/5	53.5%
2022/6	53.6%
2022/7	47.8%
2022/8	47.2%
2022/9	44.9%
2022/10	45.4%
2022/11	43.9%
2022/12	43.7%
2023/1	40.4%
2023/2	51.4%
2023/3	47.3%
2023/4	42.8%
2023/5	41.3%
2023/6	48.3%

資料來源：國家發展委員會及作者整理

表 12：採購經理人指數的買點及賣點

時間	採購經理人指數	房市買點	房市賣點
2022/4	56.3%		絕對高點
2022/5	53.5%		相對高點
2022/6	53.6%		相對高點
2022/7	47.8%	相對低點	
2022/8	47.2%	相對低點	
2022/9	44.9%	絕對低點	
2022/10	45.4%	相對低點	
2022/11	43.9%	絕對低點	
2022/12	43.7%	絕對低點	
2023/1	40.4%	絕對低點	
2023/2	51.4%		相對高點
2023/3	47.3%	相對低點	
2023/4	42.8%	絕對低點	

資料來源：國家發展委員會及作者整理

　　採購經理人指數在 40% 至 45% 為絕對緊縮（絕對低點）可以買進，46% 至 50% 為相對緊縮（相對低點）可以買進，賣出同買進的思維方式。

🏠 高利率降低房市買賣交易

美國（聯準會）及台灣（中央銀行）皆以 2% 為理想的通貨膨脹率，當物價上漲及通貨膨脹率上升時，如果利率不調升，通貨膨脹率就會高過銀行存款率，但升息會降低房市買賣。

由於先前房市處於火熱中，所以即使過去央行持續升息中，仍有許多民眾感受到必須買房子來保值及增值，因為民眾認為只要通膨預期還在，房價就會一直上漲中，故此現象就引發自住及投資民眾因為通膨而大量進入房市，由於現在疫情和烏俄戰爭仍然持續，所以原物料及人工成本還是上漲中，並且民眾傳統的觀念都是認為，房地產是最能保值且增值的投資項目，加上世界的趨勢需 2024 年面對碳稅的課徵，所以營建成本只會增加不會減少，雖然房市目前的交易量處於量縮的現象，但在通膨未降及面對碳稅議題上，未來房價要降的空間應屬不大。

雖然通膨有逐漸的緩降中，但通膨未降其房價就不會降，先前信義房屋在 2022 年針對信義房屋的網友做房市房價的調查，在 2021 年第一季有高達 50% 的人看漲未來房價及 16% 的人看跌未來房價（當時台灣消費者物價指數通膨率為 2.83%）。

但在 2022 年第一季市場最樂觀的時候（參考表 6），就更有高達 62% 的人看漲未來房價及 11% 的人看跌未來的房價（當時台灣的消費者物價指數通膨率為 2.83%），2022 年第二季仍有 46% 的人看漲未來房價及 18% 的人看跌未來房價，但 2022 年第四季只有 28% 的人看漲未來房價及及高達 36% 的人看跌未來房價（當時台灣的消費者物價指數通膨率為 2.76%，並且看跌的比例 36% 高於看漲的比例 28%）。

所以 2023 下半年在物價通膨緩跌及目前貸款利率最低為 2.06%（2023

年第一季央行升息，首度超過貸款利率 2% 以上），未來將會從量縮價漲的
趨勢到量價雙跌的趨勢，另外在 2023 年 7 月平均地權條例實施後，房市的交
易量及交易價格雙跌的趨勢就更加明顯了。

表 13：2021Q4 至 2022Q4 信義房屋網友對於房價上漲及下跌的看法

年度 / 季度	上漲的比例	持平的比例	下跌的比例	消費者物價
2121Q4	50%	34%	16%	2.83%
2022Q1	62%	27%	11%	3.27%
2022Q2	46%	36%	18%	3.59%
2022Q3	33%	33%	34%	2.76%
2022Q4	28%	36%	36%	2.71%

資料來源：信義房屋及作者整理

1. 消費者物價指數（CPI）：

當物價上漲，若利率不跟著調整的升息，就可能出現「實質負利率」，
畢竟升息可以遏止物價上漲及減輕通膨壓力，現今美國聯準會為了抗通膨已
經從 2022 年一連串升息下，至 2023 年 8 月，已經升息了 11 次及合計共 21
碼（共 5.25%），美國的消費者物價指數涵蓋了生活必需品，如食物、房屋
支出、汽車交通、醫療、衣服、休閒娛樂、其他等七大類商品物價來決定各
種支出的權數。

在 2022 年美國因為疫情、全球供應鏈問題以及烏俄戰爭，通貨膨脹率
迅速飆高，美國 2021 年 6 月消費者物價指數年增率突破 5%，至 2022 年 2
月已達 7.91%，在 2022 年 6 月更一度飆高至 9.1%，為了一連串的抗通膨，
美國聯準會至 2023 年 7 月 27 日升息後，目標聯邦基金利率升息達 5.25% 至
5.5% 之間。

另美國勞動部公布 6 月消費者物價指數（CPI）年增 3%，優於市場預期
（市場預期為 3.1%），低於 5 月年增 4%，此美國物價通膨率 3% 也創下兩

年多來新低，所以預期將會緩解聯準會升息的壓力，但是美國通膨雖下滑，但依然超出 Fed 設定的 2％目標，因此這項數據不至於讓 Fed 在下月會議繼續停止升息，並且芝商所 FedWatch 工具顯示，通膨尚未降溫，聯準會仍會升息抗通膨。

　　從表 14 中可以發現在 2022 年 6 月通膨高達 9.1%，到 2022 年底通膨仍高達 6.5%，但到 2023 年 5 月已降低到 4%，2023 年 6 月更降低到 3%，是遠低於 2022 年 6 月衝上的 40 年高點 9.1%，雖未來達聯準會設定通膨目標 2%已經不遠了，但從利率點陣圖中發現美國 2024 年前將會開始降息且經濟開始反轉的現象，故 2024 年美國經濟在經濟是否反轉及是否降溫，將是決定 2024 年美國聯準會是否採取降息政策的關鍵。

表 14：2022 年 6 月至 2023 年 6 月美國消費者物價指數

消費者物價指數（CPI）	台灣日期	公佈值	預測值
2022/6	2022/7/13	9.1%	8.8%
2022/7	2022/8/10	8.5%	8.7%
2022/8	2022/9/13	8.3%	8.1%
2022/9	2022/10/13	8.2%	8.1%
2022/10	2022/11/10	7.7%	8.0%
2022/11	2022/12/13	7.1%	7.3%
2022/12	2023/1/12	6.5%	6.5%
2023/1	2023/2/14	6.4%	6.2%
2023/2	2023/3/14	6.0%	6.0%
2023/3	2023/4/12	5.0%	5.2%
2023/4	2023/5/10	4.9%	5.0%
2023/5	2023/6/13	4%	4.1%
2023/6	2023/7/12	3%	3.1%
2023/7	2023/8/10		
2023/8	2023/9/13		
2023/9	2023/10/12		
2023/10	2023/11/14		
2023/11	2023/12/12		

資料來源：美國勞工統計局及作者整理

2. 核心消費者物價指數（CCPI）：

美國經濟學家認為，對聯準會而言，更具政策涵義的是不含蔬果及能源價格等短期波動較大項目的核心消費者物價指數（Core CPI），2023 年 4 月之核心消費者指數為消費者物價指數剔除能源和食物價格，因為能源和食物價格其價格波動度太大，4 月的核心消費者指數（CPI）年升 5.5%，符合預期。

因為仍低於 3 月的 5.6%，故 2023 年 4 月之核心消費者物價指數似乎有稍微放緩，是可以提供聯準會（Fed）一些暫停升息的空間，由於美國經濟持續放緩，不排除 2024 年開始有降息的空間，以提升經濟復甦及促進金融環境改善，並且減輕買房之貸款壓力，對於未來房市有提升之作用。

不過扣除波動高的食品與能源項目後，其核心 PCE 下滑速度則比整體 PCE 緩慢，因為整體 PCE 在 2023 年 5 月及 2023 年 6 月分別下滑至 4% 及 3%（參考表 14），但在核心 PCE 中 2023 年 5 月及 2023 年 6 月仍分別高達 5.3% 及 4.8%（參考表 15），也創下美國 2021 年 10 月以來新低點，另外房租漲幅近 2 個月保持在 0.5% 左右，遠低於過去一年多數時間水準，故未來租屋需求降低及房租漲幅調降下，核心消費者物價指數（CORE PCE）將會降低。

表 15：2022 年 6 月至 2023 年 6 月美國核心消費者物價指數

核心消費者物價指數（CCPI）	台灣日期	公佈值	預測值
2022/6	2022/7/13	5.9%	5.7%
2022/7	2022/8/10	5.9%	6.1%
2022/8	2022/9/13	6.3%	6.1%
2022/9	2022/10/13	6.6%	6.5%
2022/10	2022/11/10	6.3%	6.5%
2022/11	2022/12/13	6.0%	6.1%
2022/12	2023/1/12	5.7%	5.7%
2023/1	2023/2/14	5.6%	5.5%
2023/2	2023/3/14	5.5%	5.5%
2023/3	2023/4/12	5.6%	5.6%
2023/4	2023/5/10	5.5%	5.5%
2023/5	2023/6/13	5.3%	5.2%
2023/6	2023/7/12	4.8%	5.0%
2023/7	2023/8/10		
2023/8	2023/9/13		
2023/9	2023/10/12		
2023/10	2023/11/14		
2023/11	2023/12/12		

資料來源：美國勞工統計局及作者整理

從圖 14 可以發現，美國消費者物價指數及核心消費者物價指數，從 2023 年 5 月開始已經逐漸降溫了，所以隨著經濟環境改變與房貸利率反轉各項因素下，原本預期今年美國房市冷卻，但由於通膨降溫及利率出現轉折，所以 2023 年初美國房屋銷售竟出乎意料銷售良好，並且翻轉過去數個月的下滑，顯見美國通膨降溫及利率出現反轉下，房市逐漸升溫。

圖 14：美國 2022 年 6 月至 2023 年 6 月的 CPI 和 CORE CPI

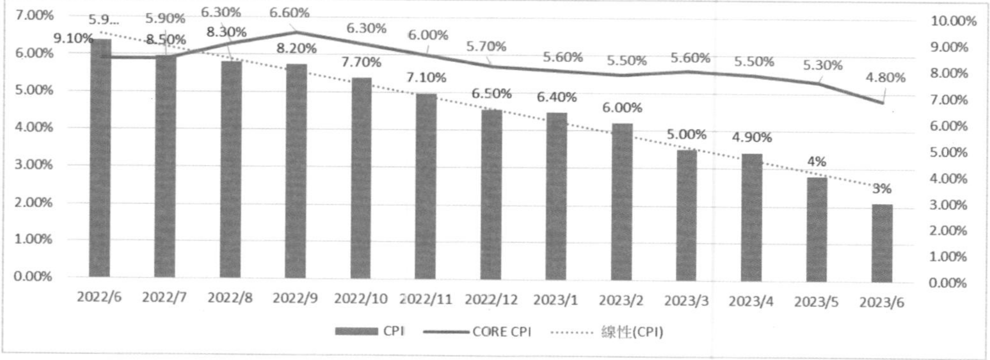

資料來源：美國勞工統計局及作者整理

3. 台灣之消費者物價指數及核心消費者指數：

主計總處（參考表 16）公布 2022 年除了 3 月消費者物價指數（3 月為 3.27%）首度年增率超過 3.0% 外，並且已經數度連續 5 個月破 3%（4 月為 3.37%，5 月為 3.39%，6 月為 3.59% 及 7 月為 3.35%），其中 2022 年 6 月更是創下近九年半新高的數據，雖然在 2022 年 8 月有降低的現象（當時為 2.68%），在 2023 年 1 月又飆破 3%〔當時為 3.05%），但隨後在 2023 年 2 月以後皆下跌在 3% 以下（但仍超越 2% 以上），尤其 2023 年 5 月更是下跌至 2.02%，幾乎接近央行所設定通膨 2% 的目標。

另表 17 中可以發現，從 2016 年實施房地合一稅以來，到 2023 年 7 月實施平均地權條例，2022 年的消費者物價指數為 2.95%（接近 3%），是目前近 10 年通膨率較高的一年，也是房地產轉折的一年（當時全國買賣移轉棟

數為 31.8 萬棟,是近 3 年來新低),另外核心消費者物價指數(參考表 16)也從 2023 年 5 月開始有緩降的趨勢(5 月為 2.57%)。

在 2022 年核心消費者物價指數通膨率為 2.61%(參考表 16 及圖 15),同消費者物價指數通膨率為近 10 年來較高的一年,綜合上述說明後,讀者可以發現台灣消費者物價指數及核心消費者物價指數通膨率雖仍高於央行所設定 2% 目標,但遠低於美國通膨及核心通膨的通膨率。

但未來台灣若通膨持續上漲,短期台灣房價下跌空間將會必然有限(建商會將原物料成本及人工成本轉嫁給消費者),但由於房市交易量也會逐漸產生減少的趨勢,未來長期房市交易量及交易價格隨後將會價量均跌。

表 16：2022 年 2 月至 2023 年 4 月台灣消費者物價指數與核心消費者指數

日期	消費者物價指數	核心消費者物價指數
2022/1	2.83%	2.42%
2022/2	2.33%	1.64%
2022/3	3.27%	2.47%
2022/4	3.37%	2.53%
2022/5	3.39%	2.61%
2022/6	3.59%	2.77%
2022/7	3.35%	2.73%
2022/8	2.68%	2.74%
2022/9	2.76%	2.80%
2022/10	2.74%	2.97%
2022/11	2.35%	2.86%
2022/12	2.71%	2.72%
2023/1	3.05%	2.98%
2023/2	2.42%	2.53%
2023/3	2.35%	2.55%
2023/4	2.35%	2.72%
2023/5	2.02%	2.57%

表 17：2016 至 2022 年台灣消費者物價指數及核心消費者指數

日期	消費者物價指數	核心消費者物價指數
2016 年	1.40%	0.83%
2017 年	0.62%	1.04%
2018 年	1.36%	1.21%
2019 年	0.55%	0.49%
2020 年	-0.23%	0.35%
2021 年	1.97%	1.33%
2022 年	2.95%	2.61%

資料來源：主計總處及作者整理

圖 15：2016 至 2022 年台灣消費者物價指數及核心消費者指數

資料來源：主計總處及作者整理

　　2023 年國內房市面臨通膨、土建融資金緊縮、及平均地權條例 2023 年 7 月 1 日施行下，且由於經濟持續下修（台灣經濟成長率不斷下修），加上利率升息效應，預期未來房市供給量將逐步收縮，另由於房屋是高單價及高總價的，以及房子是具有獨特性的商品，並且房屋定價是由成本＋利潤來決定的。

　　因此近期物價通膨以及土地成本高漲，及營建成本高和預計最快 2024 年開始收取碳費，且首波徵收對象包含 287 家排碳大戶，鋼鐵、水泥、石化等產業都在列，所以可以肯定未來房價要下跌是不太可能的現象，因此在 2023 年下半年及 2024 年房地產將會呈現量縮價漲的現象。

　　另從圖 16 可以發現，從 2016 年到 2021 年其通膨率皆在 2% 以下（合理的通膨內），因此買賣移轉棟數一路上揚，但從 2022 年通膨率全年上升至 2.95% 時，買賣移轉棟數首度下跌至 318,101 棟，在圖 16 中使用移動平均統計方法預測，從 2022 年開始轉折預期向下減少，因此未來是否降溫，將會影響買賣移轉棟數。

圖 16：2016 至 2022 年台灣消費者物價指數和買賣移轉棟數關係

資料來源：內政部、主計總處及作者整理

🏠 投資心法總結

1. 如果經濟成長率高，則代表經濟成長強勁及房市好，房市若成長率低，則代表經濟成長放緩及房市差。

2. 景氣指標與對策信號乃是衡量經濟景氣概況，將一些足以代表經濟活動且能反映景氣變化的重要總體經濟變數，以適當統計方式處理，編製而成，當景氣指標對策信號分數越高時，代表景氣好及推升房市好，相反的，當景氣指標對策信號分數越低時，代表景氣不好及推升房市不好

3. 外銷訂單可做為出口的領先指標，出口也視為經濟成長的領先指標，因此出口不好將會導致經濟成長下滑，經濟成長下滑也將會造成房市衰退，相反的，出口外銷訂單好將會導致經濟好及房市成長。

4. 採購經理人指數是各國觀察景氣是否反轉的領先指標，採購經理人指數會介於 0 至 100% 之間，若高於 50%，表示製造業或是非製造業景氣正處於擴張期，擴張期則經濟好及房市好，相反的若低於 50%，表示製造業或是非製造業景氣正處於緊縮期，緊縮期則代表經濟不好及房市不好。

5. 美國通膨率及核心通膨率逐步下降，未來台灣通膨也逐步下調，也代表台灣未來實質利率上升及購買力增加，當購買力增加時，會活絡不動產市場，進而增加不動產買賣交易及買賣移轉棟數。

6. 詳細解釋金融指標在概估統計、初步統計、前值、初值、修正值及終值的定義及說明，以讓讀者可以非常了解在介紹不動產指標及金融指標時常出現的專業名詞。

Chapter 05
綜合面向
判讀房地產走勢

　　想要在房地產市場低買高賣及賺到錢，就要看準不動產經濟指標及抓準房地產景氣，故想要掌握「房地產景氣」就必須看懂「不動產指標」。本章將會提供兩種分析房市的方法，讓讀者及投資者可以了解房市的狀態，及投資預售屋及成屋的時間點。

　　第一種方法為**房市價量分析**，利用房市價量所處的象限，來建議讀者及投資客應該投資預售屋還是成屋，並且建議在何時買進。第二種方法是將房市指標種類區分為**交易面房地產指標、供需面房地產指標、金融面房地產指標、經濟面房地產指標及四種整合性的指標**。

　　本章會提供各種面向的各種指標之 2016 年至 2022 年（或 2023 年 6 月）的敘述統計值描述，並利用各項指標之平均值作為房地產指標好壞的判斷值，期許第二種方法能更簡單提供讀者未來低買高賣及抓準房市的景氣，並將指標結果告訴讀者現在房市如何，及目前時機購置不動產恰當嗎。

　　最後期許讀者們都能掌握這兩種方法，來自行判斷何時何地應該進入不動產市場投資及自住，並期許讀者在了解價量四象限及不動產相關指標後，馬上就來看看這些指標在不同情形下，如何相互影響及如何反應房市的變化。

🏠 房市價量分析

利用四大象限搭配實際範例解說，實際解析房屋市場價量的變化與操作。

價量循環四象限

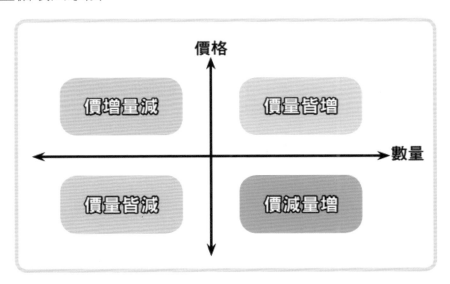

第一象限：價量皆增
交易量上漲，房屋市場需求大，帶動價格調升。

第二象限：價增量減
價格上漲過頭，超過買方願付價格，交易量逐漸下跌。若預期交易量持續下跌，則為出場時機點。

第三象限：價量皆減

交易量持續下跌，導致賣方調降價格求售。

第四象限：價減量增

價格下跌到買方心中願付價格，交易量逐漸增加。為買方最佳進場時機。

在正常情況下價格和交易量應為同方向變動，因此當出現第二象限以及第四象限價量背離的情況通常不會持續太久，會透過市場調節由第二象限進入第三象限或是由第四象限回到第一象限。2023 上半年已經從第二象限的量縮價漲，逐漸進入第三象限的量縮價平到量縮價跌，後續讀者可以從各種面向的各種指標，來了解房市的價量狀態及房市的變化。

本節中將提供兩個實際的範例，來說明房市的變化及房市價量的關係，第一個範例為透過台北市買賣移轉棟數、及預售屋和成屋價格為例，說明房市價量所處價量循環的何種象限及未來房市的走勢。第二個範例為提供國泰房價指數、信義房價指數、全國買賣移轉棟數及通膨等指標為例，說明房市因國內外經濟環境的影響，其環境影響主要是物價因通膨因素導致央行升息而造成房價上升。

尤其是 2023 年第二季交易量因平均地權條例修法而造成價量背離（交易量減少應該要造成房價下跌，但實際卻因通膨而使房價上升），但其背離後房價終將會因通膨減少而導致未來房價下降的走勢，故未來潛在自住或投資不動產不宜貿然投入，必須等待價量分析及指標分析後，待價量均跌時，妥善準備資金買房購置及投資。

　　範例一說明，下圖 1 至圖 2 及下表 1 至表 2，就以台北市買賣移轉棟數及預售屋和成屋價格為例，說明台北市 2016 年至 2023 年間，其房市交易量和房市價格在價量循環四象限中所處的象限及象限中價量的成因。

圖 1：2016 至 2023 年預售屋與成屋之平均價格

資料來源：內政部實價登錄及作者整理

表 1：2016 至 2022 年台北市買賣移轉棟數

時間	2016	2017	2018	2019	2020	2021	2022
買賣移轉棟數	21500	23447	26832	27743	31180	31901	28611

資料來源：內政部及作者整理

圖 2：2016 至 2023 年預售屋與成屋之平均價差

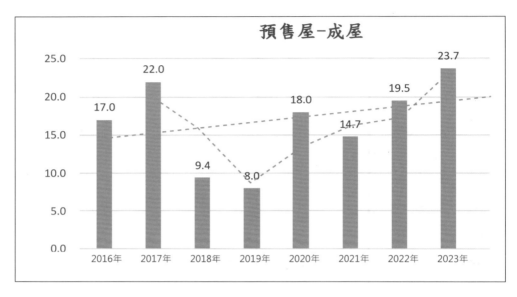

資料來源：內政部實價登錄及作者整理

表 2：2016 至 2023 年 6 月台北市買賣移轉棟數與預售、成屋價格表

	2016	2017	2018	2019	2020	2021	2022	2023年6月
數量	21500	23447 +	26832 +	27743 +	31180 +	31901 +	28611 -	12690 -
台北預售價格	84.21	88.05 增加 + 一象限	77.51 減少 - 四象限	77.59 增加 + 一象限	89.07 增加 + 一象限	91.50 增加 + 一象限	99.39 增加 + 二象限	101.5 增加 + 二象限
台北成屋價格	67.19	67.25 增加 + 一象限	68.07 增加 + 一象限	69.52 增加 + 一象限	71.1 增加 + 一象限	76.76 增加 + 一象限	79.92 增加 + 二象限	77.81 減少 - 三象限

資料來源：內政部實價登錄及作者整理

2016 年適逢房地合一稅 1.0 實施，當時政策的衝擊下，讓價量處於均跌的狀態，另外在 2020 年 1 至 4 月受到疫情的影響，也讓房地產產業之銷售受到極大的影響，但因 5 月受到資金大量回流的影響，及美國通膨和營建工料大幅上漲下，使當時的物價處於高點，並且也造成了民眾對房價上漲的預期，故投機客及投資客也因此通膨因素而紛紛購買預售屋，其預期因素再加深房價的上漲，也讓剛性需求的民眾為避免房價上漲而同樣追加房價，故在投機（利用槓桿）、投資（高資產客戶）及剛性需求（一般民眾）三種族群客戶帶動下引起房價不斷上漲。

並且成屋市場的房價也在預售屋房價的觸動下也燃起上漲（由於房市交易量增加，及通膨帶動房價上升，是屬於價量循環的第一象限），另外國際金融市場美國為抗通膨，2022 年初以來，共宣布升息 11 次及累積升息 21 碼，來到利率區間為 5.25 至 5.50% 之間，是 2007 年 8 月以來最高的利率區間，臺灣政府為了遏止預售屋炒作亂象，內政部於 2021 年 11 月底研擬啟動修法，及 12 月 9 日通過修法草案，並於 2022 年 4 月 7 日由行政院會通過「平均地權條例」部分條文修正草案，並函請立法院審議。

由於平均地權條例是會讓預售屋衝擊較大，所以我們以 2022 年台北市買賣移轉棟數下跌為例（參考上表 1 及表 2），當時台北市 Q1、Q2、Q3 及 Q4 的交易量均為下跌，雖買賣交易量減少，但因通膨及預期心理因素，房價卻是不降反升（由於房市交易量減少及房價高是屬於價量循環的第二象限）。

我們可以參考上表 2 為例，發現預售屋價格在美國通膨率及台灣通膨率的逐漸緩和下，其房市價格已經緩漲收斂（從 2022 年的 99.39 到 2023 年的 101.5，價格上漲的幅度逐漸縮小，在成屋價格上卻是開始緩跌（2022 年的 79.92 到 2023 年的 77.81，其成屋價格已開始下跌），故相信通膨在未來逐漸緩和下，其預售屋和成屋的房價將會逐漸從緩跌到下跌（交易量減少及房價準備下跌是屬於價量循環的第三象限）。

另外我們可以參考上圖 2，2020 年適逢疫情及資金大量回流的影響下，買賣交易量大量的增加下而帶動房價不斷的上升，尤其是預售屋的價格。是屬於價量循環的第一象限。此時預售屋的價差高達 18 萬。

　　而在 2022 年因平均地權條例準備實施而造成交易量減少，雖然因為通膨維持高檔，而形成預售屋和成屋房價仍處於高點（在價量循環的第二象限）。但基於量先價行的法則房價將出走緩的現象。

　　因此，2024 年，成屋市場及想持有預售屋的剛性需求者建議多等等（因為未來房市交易量及房價將會減少及下跌，是在價量循環的第三象限），可以等待蛋黃區房價下跌 10% 及蛋白區下跌 10 至 20% 投入預售。

　　另持有預售屋的投機客，建議此時在房價高點應該出售（即使房地合一稅前兩年 45%，2 至 5 年 35%），至於投資客則建議慎選地點及選擇合適的價格投資（蛋黃區下跌 10% 及蛋白區下跌 10 至 20%）。

　　範例二說明，下表 3 及圖 3，以國泰房價指數、信義房價指數、買賣移轉棟數及物價指數間的價量分析為例，說明價量背離的成因。

表 3：房價指數、買賣移轉棟數及物價指數間的價量分析

時間	國泰房價指數	信義房價指數	全國買賣移轉棟數	物價指數
2022Q1	121.05	136.94	84,776	101.92
2022Q2	128.33	139.94	86,026	103.35
2022Q3	132.17	144.58	73,129	103.49
2022Q4	133.06	142.06	74,170	103.78
2023Q1	130.98	143.83	64,291	104.32
2023Q2	138.64	147.11	74,651 平均地權條例施行（2023 年 7 月 1 日）預售屋搶在實施日前	105.16

資料來源：作者整理

圖 3：信義房價指數下跌反應在國泰房價指數的前一期

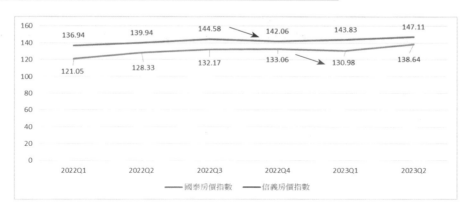

資料來源：作者整理

　　從上表 3 及圖 3，可發現國內物價指數從 2022Q1 到 2023Q2 一路上升，但從 2023Q3 物價指數上升已經逐漸收斂，其物價指數收斂後，可發現信義房價指數在 2022Q3 為 144.58，但在 2022Q4 開始下跌至 142.06，另國泰房價指數在 2023Q1 也下跌至 130.98，故當通膨率下降後，房價的下跌會先反應在成屋市場，後續再反應預售屋市場房價的下跌。

　　綜合上述結果可以分析如下：（1）**房市走強的現象**，當房價上漲時，建商主導的預售案會率先開始上升，當預售案上漲一陣子後，成屋市場的賣方發現後也會立刻跟進，所以房價上漲時，預售屋房價會引導成屋上漲。（2）**房市走弱的現象**，當房價下跌時，預售屋市場的量是法人（建商），成屋市場的量是個人，建商若賣到一半房市走空時，若賣價下跌會造成先前賣出去的房子來退屋，所以建商就會選擇先建後售的模式，以至於造成預售屋交易量馬上減少，房價延後緩跌（建商慢慢賣），但成屋市場的量是個人，所以交易量會慢慢減少及房屋價格是逐漸降低，所以當房市走弱時，成屋下跌的價格是領先預售屋的價格（成屋先跌，預售屋後跌），預售屋下跌的數量是領先成屋的數量，綜合上述範例一及範例二，房市的投資策略可建議表 4 如下：

表4：預售屋及成屋在房市走多及走空的投資策略

房屋景氣	房屋型態	交易量	價格	投資策略
走強	預售屋	買賣較多	先高	選擇預售屋先賣（價格較早反映）
	成屋	買賣多	後高	選擇成屋後賣（價格較晚反映）
走弱	預售屋	延後交易（馬上變少）	後低	選擇預售屋後買（延後價格下跌）
	成屋	減少交易（買賣較少）	先低	選擇成屋先買（較早價格下跌）

資料來源：作者整理

⌂ 四面向指標綜合判讀

以價量循環四象限再配合綜合面向的指標，判讀房地產走勢，決定在何時進場、出場、或是等待。

　　在價量分析後，可了解在房市交易量及房價在價量循環四象限中應該所處的何種象限及象限中價量的成因，本書期許也可以透過綜合面向的指標，來判讀房地產走勢，以利讀者可以更簡單及更清楚透過房市指標的分數、指標的強弱程度、房市的狀態及房市的投資策略，來提供房市的買方及賣方，應該是何時買進，何時賣出，還是應該等待。

　　本章將房市綜合指標種類區分為（1）交易面房地產指標、（2）供需面房地產指標、（3）金融面房地產指標及（4）經濟面房地產指標等 4 個構面分析，構面的分析及解釋說明如下。

提供三表詳盡分析

　　一、每個構面皆提供房地產指標分析表、房地產指標敘述統計值表及房地產指標投資策略表等三個表，以提供讀者或投資者對每項指標定義及指標值能清楚的了解及分析，待分析後便能準確的何時買進及何時賣出。

　　二、房地產指標分析表皆提供**（一）指標的定義及說明、（二）指標的判斷值（三）指標數據更新後最新的時間、（四）新數據值及（五）房市的狀態**，其房地產指標分析表的指標判斷值，是根據每項指標 2016 年到 2023 年 6 月（上半年）的數據採取年資料之平均，若無 2023 年 6 月的最新資料，就取資料至 2022 年底。

　　為何資料採取時間點開始於 2016 年，因為是政府打炒房政策最早的時間及最大的衝擊（當年買賣交易量降到最低值的 245,396），故根據此原因所

採取資料開始的理由，2016 至 2023 年 6 月中的資料期間是經過房市走強及走弱等期間，期間取得平均值較為客觀。

統計表數值僅供參考

三、房地產指標敘述統計值表皆提供（一）**統計時間（二）資料統計時間中的平均值（三）資料統計時間中的最大值（四）資料統計時間中的最小值**，期許統計值表中的數據值能提供讀者或是投資者，了解房市中房市走多時最好的數據值，房市中走空時最差的數據值，及保守中採取資料中的平均值作為買進、賣出或是觀望的評估。

策略表呈現投資戰略

四、房地產指標投資策略表皆提供（一）**指標中的指標分數（二）指標分數轉換對照後的強弱程度（三）指標分數所呈現的房市現狀及（四）指標分數所呈現的投資策略**，此指標分數所呈現後，將可以提供讀者或投資者應該買進、賣出或是觀望的評估。

各項指標呈現多為一致性

五、房地產指標投資策略表中的各項指標，所呈現的結果及建議應該是一致性的，若該指標所呈現的結果不一致，將會在該指標中用註釋表示，並且會解釋不一致的原因，經解釋後將會呈現各項指標結果及建議一致。

表 5：交易面房地產指標分析表

指標	判斷值	最新時間	新數據值	房市狀態
國泰房價指數	>93.88（Q）	2023Q2	138.64（Q2）	量增價漲（短暫）
信義房價指數	>114.2（Q）	2023Q2	147.11	量增價漲（短暫）
建照申請	>136,129（Y）	2023Q1	35,256	建商保守
開工量	>110,768（Y）	2023Q1	35,793	開工量多
使用執照	>98,959（Y）	2023Q1	21,671	延後交屋
M1b%-M2%	>2.08%（Y）	202306	-4.04%	動能減弱
購買房地產時機	>100.66（Y）	202306	105.25	房產保值
營建氣候測驗點	>96.02（Y）	202306	93.40	建商保守
住展風向球	>36.67（Y）	202306	43.4	風向綠燈
買賣移轉棟數	>297,515（Y）	202306	138,942	買賣減少
建築貸款年增率	>8.16%（Y）	202306	8.38%	建融保守
住宅貸款餘額	>6.16%（Y）	202306	5.02%	住貸減少
新承作房貸餘額	>8.16%（Y）	202306	-2.36%	新貸減少
新建餘屋	<1.13%	2022 年	11.09%	餘屋增加
二手屋待售（%）	<0.69%	2022 年	-3.64%	待售減少

資料來源：作者整理

註 1：黑體字的指標表示房市走強，紅體字的指標表示房市走弱

補充：

（1）國泰房價指數 2023Q2 為 138.64，2023Q1 為 130.98，2022Q4 為 133.06，國泰房價指數 2023Q1 開始下跌，由於 2021 年 11 月底研擬啟動修法，12 月 9 日通過修法草案。2022 年 4 月 7 日，行政院會通過「平均地權條例」部分條文修正草案，2023 年 7 月 1 日實施，先前宣布後造成 2023Q1 交易量減少，但因 2023 年 7 月 1 日實施，故造成許多投資客在 2023 年 7 月 1 日預售屋大量買賣，而造成短期價量齊揚，但預期房市 2023 年 Q3 將會量縮價平或是量價齊跌的現象。

（2）信義房價指數在 23023Q2 為 147.11，2023Q1 為 143.83，2022Q4 為 142.06，及 2022Q3 為 144.58，由於政府房地合一稅 2.0、信用管制及平均地權等打炒房措施，信義房價指數從 2022Q4 指數開始下跌。

（3）信義房價指數從 2022Q4 指數開始下跌，國泰房價指數從 2023Q1 開始下跌，理由同先前說明，當房市開始走弱時，成屋市場的下跌價格將會早於預售屋市場的下跌價格，所以信義房價指數下跌提早國泰房價指數一季。

（4）信義房價指數基期調整至 2016 年第一季（基期為 100）。

表 6：交易面房地產指標敘述統計值表

指標	統計時間	平均	最差	最好
國泰房價指數	2016Q1~2023Q2	93.88	71.09	138.64
信義房價指數	2016Q1~2023Q2	114.18	100	147.11
建照申請	2016Y~2022Y	136,129	79,490	180,674
開工量	2016Y~2022Y	110,768	68,996	146,346
使用執照	2016Y~2022Y	98,959	88,636	112,088
M1b%-M2%	2016Y~202306	2.08%	-4.04%	7.64%
購買房地產時機	2016Y~202306	100.66	86.27	112.86
營建氣候測驗點	2016Y~202306	96.02	83.89	106.83
住展風向球	2016Y~202306	36.67	30.65	45.62
買賣移轉棟數	2016Y~202306	297,515	245,396	348,194
建築貸款年增率	2016Y~202306	8.16%	-0.97%	16.64%
住宅貸款年增率	2016Y~202306	6.16%	4.43%	9.58%
新承作房貸餘額	2016Y~202306	8.16%	-2.36%	20.32%
新建餘屋	2016Y~2022Y	1.13%	11.09%	-12.71%
二手屋待售量	2016Y~2022Y	0.69%	15.44%	-3.64%

資料來源：作者整理

註 1：統計資料 2016 至 2023 年 6 月（資料不足時，取 2016 至 2022 年），
採年平均

表 7：交易面房地產指標之投資策略表

指標	指標分數	強弱程度	房市現狀	投資策略
國泰房價指數[註1]	5	很強	量增價漲	賣出
信義房價指數[註2]	5	很強	量增價漲	賣出
建照申請	3	普通	持續觀望	賣出
開工量[註3]	4	強	開工量多	賣出
使用執照	2	弱	延後交屋	賣出
M1b 及 M2	2	弱	資金走弱	賣出
買房地產時機	3（消費者）	普通	持續觀望	賣出
營建氣候測驗點	3（建商）	普通	持續觀望	賣出
住展風向球	3	普通	持續觀望	賣出
買賣移轉棟數	2	弱	相對高點	賣出
建築貸款年增率	3	普通	持續觀望	賣出
住宅貸款餘額	2	弱	住貸減少	賣出
新承作房貸餘額	2	弱	新貸減少	賣出
新建餘屋	2	弱	餘屋增加	賣出
二手屋待售	4	2022 年	待售減少	賣出

註 1：指標分數按照 1 分 ~5 分區分（1 很弱、2 弱、3 普通、4 強、5 很強）

註 2：平均數之 -5%~+5% 列為普通，-15%~-5% 列為弱，-15% 以上很弱
　　　+5%~+15% 列為強，+15% 以上列為很強

註 3：綠色字體指標為房市強，黑字體為房市普通，紅字體為房市弱

交易面房地產指標之投資策略表的交易指標共 15 項指標，指標分數 4 分（含 4 分）以上共有 4 項（指標強度為強以上），指標分數為 3 分（指標強度為普通）共有 5 項，指標分數為 2 分（指標強度為弱）共有 6 項，因此指標強度為強或強以上的比例為 4/15＝27%，比例未達至少 60% 以上（弱強度關係），表示不動產之資料截至 2023 年第 1 季或是 2023 年上半年，將未達房市走多的階段。

另指標強度為弱或弱以下的比例為 6/15＝40% 若細分價量指標時，我們可以發現房地產在價的指標上分別為國泰房價指數[註1]及信義房價指數[註2]，由於 2023 下半年仍處於高通膨的階段，所以預售屋及成屋的房價當然仍在房價高的階段，但若通膨降低後，未來國泰房價指數[註1]及信義房價指數[註2]將因買賣件數減少後而降低房價指數（供需法則為需求減少後，價格將會降低）。在量的指標上分別為建照申請、開工量[註3]、使用執照、買賣移轉棟數、住宅貸款餘額、新承作房貸餘額、新建餘屋及二手屋待售。

在 2022 年第一季後，建照申請減少（建商看空），使用執照減少（通膨造成建商營運成本增加，故建商延後交屋）、買賣移轉棟數減少、住宅貸款餘額減少、新承作房貸餘額減少及新建餘屋增加（餘屋增加，表示買賣移轉棟數減少）等多項量的指標上皆一致性顯示量縮的現象，但仍有開工量[註3]及二手屋待售等指標上顯示交易量多之不一致的現象。

開工量[註3]多之原因為建照先前申請多，建照申請後應於 6 個月後開工，故依建照申請看房市冷熱較為妥適，另二手屋待售減少，表示二手屋市場交易量多，其原因為平均地權通過後，造成預售屋買賣交易衝擊最大，故預售屋市場買賣轉移到二手屋市場，造成二手屋市場交易多，而使二手屋待售量減少。綜合上述內容描述後，解釋說明理由如下：

1、指標強度為強或強以上（房市看多）的比例為 4/15＝27%，指標強度為普通（持續觀望）的比例為 5/15＝33%，指標強度為弱或弱以下（房市看空）的比例為 6/15＝40%，故 2023 年 6 月的房市是處於房市未來走弱的狀態，因為該階段中是屬於買賣交易量減少及房價仍高的階段（是屬於價量循環的第二象限），2023 年開始通膨已逐漸減弱，待通膨降低及買賣交易量仍減少的

階段中，未來房市價量循環的第二象限，將會走向房市價量循環的第三象限。

2、2023 年 6 月國泰房價指數及信義房價指數上升原因，係為平均地權條例於 2023 年 7 月 1 日開始實施及不溯及既往，投資不動產買賣者則趕在 2023 年第 2 季交易，加上房價仍在通膨未顯著下跌下，房市現狀為短暫的量增價漲，但待通膨解除後，房價將會回歸到經濟供需理論中的量價齊跌（買賣交易少將導致房價下跌），故建議此時賣方可馬上賣出，買方則持續觀望到好的買點。

3、經上述不一致性（如國泰房價指數及信義房價指數）的指標解釋後，該不一致指標將會回歸經濟供需理論，朝其它指標一致。

表 8：供需面房地產指標

指標	判斷值	最新時間	最新數據	房市狀態
空屋率	<9.25%	2022 年	8.77%	空屋減少
房地合一稅	>83%	202305	-14.10%	稅收減少
房仲家數	>7,042 家	2023Q1	8,385 家	家數增加
房仲人數	>50,505 人	2023Q1	55,297 人	人數增加
營造工程物價指數	<3.84%（率）	202306	2.81%	通膨降溫
家戶數	>2.66 人	2022 年	2.56 人	家戶變少
海悅股價	>56.02	202306	71.8	股價上升
信義股價	>31.4	202306	28.7	股價下跌
法拍數量	<4,580 件	2022 年	7,431 件	法拍偏多
平均每拍成交率 %	>13.77	2022 年	13.2	成交減少
平均加價率（%）	>10.81	2022 年	9.6	加價減少

資料來源：作者整理

註 1：黑體字的指標表示房市走強，紅體字的指標表示房市走弱

補充：

1、房仲家數從 2022Q3 後，增加家數已低於 100 家以內，截至 2023Q1 增加家數更低於到 18 家（參考表 9），足見房市高峰已略減。

2、房仲人數從 2023Q1（參考表 9）增加人數已從高峰 2022Q3 的 2,658 人下降到人數為 340 人。

表 9：房仲家數、房仲人數及增加人數

時間	房仲家數	增加家數	房仲人數	增加人數
2021Q1	7299	-	44,667	-
2021Q2	7521	222	45,812	1,145
2021Q3	7697	176	46,578	766
2021Q4	7876	179	48,181	1,603
2022Q1	8097	221	48,982	801
2022Q2	8270	173	51,161	2,179
2022Q3	8330	60	53,819	2,658
2022Q4	8367	37	54,957	1,138
2023Q1	8385	18	55,297	340

資料來源：內政部及作者整理

3、海悅股價（參考表 10）在 2022 年 1 月股價曾經高達 115.5，但從 2022 年 9 月股價就掉落至 67.8，下跌比例達 41%，但截至 2023 年 6 月股價曾在 71.8，2023 下半年股價大部分股價都在 60~70 間盤整，但仍在過去平均值 56 之上，足見目前房市仍屬於盤整的階段。

表 10：海悅股價 2022 年 1 月至 2023 年 6 月

日期	海悅股價	增減比例
2022/1/14	115.5	-
2022/3/18	102.5	-11.3%
2022/6/24	94.5	-7.8%
2022/9/30	67.8	-28.25%
2022/12	63.6	-6.19%
2023/3/31	68.4	7.55%
2023/6/21	71.8	4.67%

資料來源：台灣證券交易所及作者整理

表 11：供需面房地產指標敘述統計

指標	統計時間	平均	最差	最好
空屋率	2016Y~2022Y	9.25%	9.81%	8.66%
房地合一稅	2016Y~202305	83%	-14.10%	134.45%
房仲家數	2016Y~2023Q1	7,042 家	6,324 家	8,385 家
房仲人數	2016Y~2023Q1	51,505 人	43,954 人	55,297 人
營造工程物價指數	2016Y~202306	3.84%	12.18%	-0.19%
家戶數	2016Y~2022Y	2.66 人	2.56 人	2.75 人
海悅股價	2016Y~202306	56.02	16.9	115.50
信義股價	2016Y~202306	31.4	27.2	37.95
法拍數量	2016Y~2022Y	4,580 件	8,840 件	2,052 件
平均每拍成交率 %	2016Y~2022Y	13.77	12.6	16.5
加價率（%）	2016Y~2022Y	10.81	9.6	12.5

資料來源：作者整理

註 1：統計資料 2016 年 2023 年 6 月（資料不足時，取 2016 至 2022 年），
　　　採年平均

表 12：供需面房地產指標之投資策略

指標	指標分數	強弱程度	房市狀態	投資策略
空屋率[註1]	4	強	空屋次低	可以賣出
房地合一稅	2	弱	交易減少	可以賣出
房仲家數[註2]	4（落後指標）	很強	前交易多	可以賣出
房仲人數[註3]	4（落後指標）	很強	前交易多	可以賣出
營造工程物價指數	2	弱	通膨降溫	可以賣出
家戶數	3	普通	家戶遞減	可以賣出
海悅股價	4	強	銷售尚可	可以賣出
信義股價	3（領先指標）	普通	銷售普通	可以賣出
法拍數量	2（落後指標）	弱	法拍漸多	可以賣出
平均每拍成交率 %	3（落後指標）	普通	成交漸低	可以賣出
加價率（%）	2（落後指標）	弱	加價漸低	可以賣出

註 1：指標分數按照 1 分 ~5 分作為區分（1 很弱、2 弱、3 普通、4 強、5 很強）
註 2：平均數之 -5%~+5% 列為普通，-5~-15% 列為弱，-15% 以下列為很弱
　　　+5%~+15% 列為強，+15% 以上列為很強
註 3：綠色字體指標為房市強，黑字體為房市普通，紅字體為房市弱

　　供需面房地產指標之投資策略表的交易指標共 11 項指標，指標分數 4 分
（含 4 分）以上共有 4 項（指標強度為強以上），指標分數為 3 分（指標強度
為普通）共有 3 項，指標分數為 2 分（指標強度為弱）共有 4 項，因此指標強
度為強或強以上的比例為 4/11=36%，比例未達至少 60% 以上（弱強度關係），
表示不動產之資料截至 2023 年第 1 季或是 2023 年上半年，未達房市走多的
階段。

另指標強度為弱或弱以下的比例為 4/11=36%，若細分價量指標時，我們可以發現需求面房地產指標在價的指標上，分別可以用營造工程物價指數、海悅股價、信義股價及平均加價率來呈現，在價的指標上，營造工程物價指數、信義股價及平均加價率等指標上，都是呈現價格在下跌一致性的現象。

唯有海悅在 2023 年 6 月股價仍在過去平均值之上，但從過去 2022 年的高點到現在，股價也跌了近 4 成的比例，足見房市的預售屋在平均地權上的政策上衝擊許多，因此造成預售屋處於量縮的階段。

綜合上述，在供需面房地產指標的價格指標上，未來所呈現是價格向下的趨勢，現階段的房價是在高點上，因此若是預售屋在平均地權實施前交易，或是目前持有成屋，其現在的房價高點是屬於可以賣出的交易型態。在需求面房地產指標在量的指標上，分別為房地合一稅（交易產生房地合一稅）、法拍數量及平均每拍成交率，這些指標所呈現的交易量皆是量縮一致性的結果。

2022 年空屋率[註1]為 8.77%，低於平均值 9.25%，是近幾年來次低的空屋率，但空屋率低，是無法說明房市買賣交易量多寡，因為空屋率低，只是說明房屋居住使用效率高，及比較沒有被「囤房」的現象。

房仲家數[註2]及房仲人數[註3]在前面補充報告中可以發現，從 2023Q1 起增加的房仲家數（只增加 18 家及人數 340 人）已明顯比先前下降許多，故未來在房市量縮價平的情況中，房仲家數及房仲人數將更明顯下降。

綜合上述內容描述後，解釋說明理由如下：

1、指標強度為強或強以上（房市看多）的比例為 4/11=36%，指標強度為普通（持續觀望）的比例為 3/11=28%，指標強度為弱或弱以下（房市看空）的比例為 4/11=36%，故 2023 年 6 月的房市仍是處於房市未來走弱的狀態，因為該階段中是屬於買賣交易量減少及物價降低（營造工程物價指數及平均加價率）的階段（是屬於價量循環的第三象限），2023 年開始通膨已逐漸減弱，待通膨降低及買賣交易量仍減少的階段中，現在房市價量循環的第三象限，未來依然仍保持房市價量循環的第三象限。

2、經上述不一致性（如空屋率、房仲家數、房仲人數及信義房價指數）的指標解釋後，該不一致指標將會回歸經濟供需理論，朝其它指標一致。

表 13：金融面房地產指標

指標	判斷值	最新時間	最新數據	房市狀態
美國聯邦基金利率	<2.125%	202307	5.5（上限）	升息量縮
台灣重貼現率	<1.422%	202305	1.875%	升息量縮
台灣加權股價指數	>13,157	202606	17,202	量縮價平
美金對台幣匯率	<30.342	202207	31.33	貶值量縮

資料來源：作者整理

註 1：黑體字的指標表示房市走強，紅體字的指標表示房市走弱

補充資料：

房市因平均地權條例、房地合一稅 2.0 及央行信用管制下，現階段皆以首購產品為主流，及首購產品的首購族與股市連動性較小，2023 年因俄烏戰爭正好是能源及兩大糧食國下而衝擊物價，加上營建成本高及通膨算高的現況下，造成房市量縮價平，另先前台灣的低利率及強勢台幣匯率等優勢不再，所以買賣交易量要增加的環境不再，未來房市賣方會轉移到買方，因此現階段賣房則在房價高點建議賣出，至於買房則須再等待。

表 14：金融面房地產指標敘述統計

指標	統計時間	平均	最差	最好
美國聯邦基金利率	2016Y~202307	2.125%（上限）	5.5%（上限）	0.25（上限）
台灣重貼現率	2016Y~202305	1.422%	1.875%	1.125%
台灣加權股價指數	2016Y~202306	13,157	9,201	18,218
美金對台幣匯率	2016Y~202307	30.342	33.84	27.61

資料來源：作者整理

註 1：統計資料 2016 至 2023 年 6 月（資料不足時，取 2016 至 2022 年），
採年平均

表 15：金融面房地產指標之投資策略

指標	指標分數	強弱程度	房市狀態	投資策略
美國聯邦基金利率	2	弱	房市漸弱	可以賣出
台灣重貼現率	3	普通	房市持平	可以賣出
台灣加權股價指數	4	強	房市續強	可以賣出
美金對台幣匯率	2	弱	房市漸弱	可以賣出

資料來源：作者整理

註 1：美國聯邦基金利率之 2016Y~202307 的利率上限皆以年底利率計算
註 2：台灣加權股價指數之 2016Y~202306 的指數皆以每年年底指數計算
註 3：美金對台幣匯率之 2016Y~202307 的匯率，以近八年之平均匯率計算
註 4：指標分數按照 1 分至 5 分區分（1 很弱、2 弱、3 普通、4 強、5 很強）
註 5：平均數之 -5%~+5% 列為普通，-5~-15% 列為弱，-15% 以下列為很弱
+5%~+15% 列為強，+15% 以上列為很強
註 6：綠色字體指標為房市強，黑字體為房市普通，紅字體為房市弱

　　金融面房地產指標之投資策略表的交易指標共 4 項指標，指標分數 4 分
（含 4 分）以上共有 1 項（指標強度為強以上），指標分數為 3 分（指標強度
為普通）共有 1 項，指標分數為 2 分（指標強度為弱）共有 2 項，因此指標強
度為強或強以上的比例為 1/4=25%，比列未達至少 60% 以上（弱強度關係），
表示不動產之資料截至 2023 年第 1 季或是 2023 年上半年，未達房市走多的
階段，另指標強度為弱或弱以下的比例為 2/4=50%，若細分價量指標時，我
們可以發現金融面房地產指標影響在價的指標上是沒有的，大致都影響在量
的指標上及影響一致向下，說明如下：

　　1、美國聯邦基金利率升息牽動台灣重貼現率走高，台灣利率走高影響
房市交易量少較為明顯。

2、美元升值相對台幣貶值，會造成資金外流及加速升息，若未來新台幣兌美元匯率貶值趨勢確立，代表著資金開始向國外流出，對於房市來說並不是一個好現象，因為會影響到房市交易量。

3、台灣加權股價指數，前補充資料已說明，台灣加權股價指數影響目前房市以首購族較小。

綜合上述內容描述後，解釋說明理由如下：

1、指標強度為強或強以上（房市看強）的比例為 1/4=25%，指標強度為普通（持續觀望）的比例為 1/4=25%，指標強度為弱或弱以下（房市看弱）的比例為 2/4=50%，故 2023 年 6 月的房市仍是處於房市未來走弱的狀態，因為該階段中是屬於買賣交易量減少，但價格上沒有指標可以說明，所以無法說明該金融面指標落在何處象限。

2、經上述不一致的加權股價指數的指標解釋後，該不一致指標將會回歸經濟供需理論，朝其它指標一致。

表 16：經濟面房地產指標

指標	判斷值	最新時間	最新數據	房市狀態
經濟成長率	>2.86%	2023Q2	Q1（-2.87%） Q2（1.45%）	價量齊跌
景氣對策信號	>23.38 分	202306	13 分	價量齊跌
外銷訂單金額	>5,432（億美元）	202306	2685.7	價量齊跌
採購經理人指數	>53.63	202307	45.37	價量齊跌
消費者物價指數	<99.27	202306	104.73	量縮價平
核心消費者物價	<99.34	202306	104.79	量縮價平

資料來源：作者整理

註 1：黑體字的指標表示房市走強，紅體字的指標表示房市走弱

補充資料：

　　1、台灣近 1 年消費者物價指數年增率及核心消費者物價指數年增率的最高點（參考表 17），落在 2023 年 1 月的 3.04%（消費者物價指數年增率）及 2.98%（核心消費者物價指數年增率），但在 2023 年 6 月，上半年的消費者物價指數年增率及核心消費者物價指數年增率，已經分別下降到 1.75% 及 2.60%，顯見通膨已經逐漸緩和了。

表 17：台灣 2022 年 8 月至 2023 年 6 月之物價指數年增率

日期	消費者物價指數年增率	核心消費者物價指數年增率
2022/8	2.66%	2.74%
2022/9	2.75%	2.80%
2022/10	2.72%	2.97%
2022/11	2.35%	2.86%
2022/12	2.71%	2.72%
2023/1	3.04%	2.98%
2023/2	2.43%	2.53%
2023/3	2.35%	2.55%
2023/4	2.35%	2.72%
2023/5	2.02%	2.57%
2023/6	1.75%	2.60%

表 18：經濟面房地產指標敘述統計

指標	統計時間	平均	最差	最好
經濟成長率	2016Y~2023Q2	2.86%	1.45%	6.53%
景氣對策信號	2016Y~202306	23.38	11.33	39
外銷訂單金額	2016Y~202306	5,432	4,445	6,741
採購經理人指數	2016Y~202307	53.63	45.37	62.66
消費者物價指數	2016Y~202306	99.27	104.73	95.86
核心消費者物價	2016Y~202306	99.34	104.79	95.70

資料來源：作者整理

註 1：統計資料 2016 至 2023 年 6 月（資料不足時，取 2016 至 2022 年），
採年平均

表 19：經濟面房地產指標之投資策略

指標	指標分數	強弱程度	房市狀態	投資策略
經濟成長率	1	很弱	房市走弱	準備賣出
景氣對策信號	1	很弱	房市走弱	準備賣出
外銷訂單金額	2	弱	房市走弱	準備賣出
採購經理人指數	2	很弱	房市走弱	準備賣出
消費者物價指數	3	普通	房市持平	準備賣出
核心消費者物價	3	普通	房市持平	準備賣出

註 1：指標分數按照 1 分 ~5 分區分（1 很弱、2 弱、3 普通、4 強、5 很強）
註 2：平均數之 -5%~+5% 列為普通，-5~-15% 列為弱，-15% 以下列為很弱
+5%~+15% 列為強，+15% 以上列為很強
註 3：綠色字體指標為房市強，黑字體為房市普通，紅字體為房市弱

　　經濟面房地產指標之投資策略表的交易指標共 6 項指標，指標分數 4 分（含 4 分）以上共有 0 項（指標強度為強以上），指標分數為 3 分（指標強度為普通）共有 2 項，指標分數為 2 分（指標強度為弱）共有 4 項，因此指標強度為強或強以上的比例為 0/6=0%，比例未達至少 60% 以上（弱強度關係），表示不動產之資料截至 2023 年第 1 季或是 2023 年上半年，將未達房市走多的階段。

　　另指標強度為弱或弱以下比例為 4/6=67%，若細分價量指標時，我們可以發現經濟面房地產指標影響在價的指標上分別有消費者物價指數及核心消費者物價指數，其影響都是一致性向下緩和的，且前補充資料也有說明消費者物價指數及核心消費者物價指數年增率，在 2023 年 6 月已經逐漸向下緩和到 1.75% 和 2.60%，故未來房價將逐漸緩和。

　　經濟面房地產指標影響在量的指標上分別有經濟成長率、景氣對策信號、外銷訂單金額及採購經理人指數，以上指標皆是描述經濟成長、出口經濟及對未來經濟的看法，此影響會造成對經濟信心及房市信心的衝擊及期待，並也造成房市買賣交易量的多寡，上述經濟面房地產指標在量的指標表現上皆是量縮的現象。

　　綜合上述內容描述後，解釋說明理由如下：

　　1、指標強度為強或強以上（房市看多）的比例為 0/6=0%，指標強度為普通（持續觀望）的比例為 2/6=33%，指標強度為弱或弱以下（房市看空）的比例為 4/6=67%，故 2023 年 6 月的房市仍是處於房市未來走弱的狀態，因為該階段中是屬於買賣交易量減少及價格持平（是屬於價量循環的第二象限），但未來會朝向房市價量循環的第三象限。

　　2、經濟面房地產指標並無呈現不一致的現象。

🏠 四構面價量分析

> 房屋市場價格高低起伏，絕非單一因素所造成，而需就交易、供需、金融、經濟等相關條件綜合判讀。

為讓讀者了解房市所處狀態，我們可透過房市之交易面、供需面、金融面及經濟面的價量分析後之綜合判讀解析房市，並下表提供讀者範例操作說明及 2023 年上半年操作資料，以利讀者清楚房市狀態。

交易、供需、金融、經濟面的價量分析方法

範例說明如下：

表 20：各指標價量分析示範表格

指標	交易面	供需面	金融面	經濟面	綜合解讀
量象限	量 8 (＋，－)	量 3 (＋，－)	量 4 (＋，－)	量 4 (＋，－)	量 (＋，－)
價象限	價 2 (＋，－)	價 4 (＋，－)	價 0 (＋，－)	價 2 (＋，－)	價 (＋，－)
總象限	一象限 (＋，＋) 二象限 (－，＋) 三象限 (－，－) 四象限 (＋，－)	一象限 (＋，＋) 二象限 (－，＋) 三象限 (－，－) 四象限 (＋，－)	一象限 (＋，＋) 二象限 (－，＋) 三象限 (－，－) 四象限 (＋，－)	一象限 (＋，＋) 二象限 (－，＋) 三象限 (－，－) 四象限 (＋，－)	一象限 (＋，＋) 二象限 (－，＋) 三象限 (－，－) 四象限 (＋，－)

資料來源：作者整理

表 21：各面向指標價量因素分類

指標	交易面	供需面	金融面	經濟面	綜合解讀
量象限指標	照申請、開工量、使用執照 買賣移轉棟數、住宅貸款餘額、新承作房貸餘額、新建餘屋 二手屋待售	房地合一稅 法拍數量 平均每拍成交率	美國聯邦基金利率 台灣重貼現 台灣加權股價指數 美金對台幣匯率	經濟成長率 景氣對策信號 外銷訂單金額 採購經理人指數	同左合計
價象限指標	國泰房價指數 信義房價指數	營造工程物價指數 海悅股價 信義股價 平均加價率	無	消費者物價指數 核心消費者物價	同左合計

資料來源：作者整理

價量分析範例操作如下：

1、房市交易面量的指標有 8 項（建照申請、開工量、使用執照、買賣移轉棟數、住宅貸款餘額、新承作房貸餘額、新建餘屋及二手屋待售）及價的指標有 2 項（國泰房價指數及信義房價指數）。

2、將量的 8 個指標及價的 2 個指標，各個比較該指標之平均值作為判斷值，該指標超過平均值視為看強，低於平均值視為看弱。

3、其中量的 8 個指標中，有 6 個看弱及 2 個看多，由於看弱的項目明顯多於看多的項目，該量的項目視為看弱及 - 的符號。

4、其中價 2 個指標全部看多，該價的項目視為看多及（＋）的符號。

5、將交易面量（＋，-）的指標及價（＋，-）的指標構成一個象限。

6、交易面量的指標及價的指標，經計算而得產生（-，+）第二象限。

7、房市供需面、金融面、及經濟面等指標、可依照房市交易面指標計算方式產生象限。

8、在綜合指標量的解讀上，因量象限共有交易面、供需面、金融面及經濟面等四個面向，若看弱（-）的面向多於看多（+）面向，則綜合指標量的解讀上為看弱（-）。

9、在綜合指標價的解讀上同綜合指標量解讀上，假設為看多（+）。

10、綜合指標經計算後，量的解讀（-）上，加上價的解讀上（+），共同形成第二象限（-，+）。

經上述範例說明後，下表 22 為 2023 年上半年經計算所產生的第二象限，結果如下，未來房地產指標之計算皆可參考方法如上，計算後將可了解房市所處的象限，及判斷後了解應該買進或賣出。

四構面指標之價量循環解讀：

表 22：2023 年上半年交易面、供需面、金融面及經濟面之價量分析及綜合判讀

指標	交易面	供需面	金融面	經濟面	綜合解讀
量象限	量少（-）	量少（-）	量少（-）	量少（-）	量少（-）
價象限	價高（+）	價跌（-）	沒有解釋	價高（+）	價高（+）
總象限	二象限	三象限	無法說明	二象限	二象限

資料來源：作者整理

從表 22 可以發現交易面、供需面、金融面及經濟面之價量分析，在第二象限最多，其次為第三象限，所以在綜合解讀上為第二象限，足見目前房市所處是量縮價漲（蛋黃區）及量縮價平（蛋白區）的階段，由於各指標不是第二象限就是第三象限，相信若經濟持續不好狀況下，房市很快到達第三象限（價量均跌）。

四構面指標之強弱度比例綜合判讀

表 23：2023 年交易面、供需面、金融面及經濟面之強弱程度及綜合解讀

指標	交易面	供需面	金融面	經濟面	綜合解讀
強度比例	27%（4）	36%（4）	25%（1）	0%（0）	25%（9）
普通比例	33%（5）	28%（3）	25%（1）	33%（2）	30%（11）
弱度比例	40%（6）	36%（4）	50%（2）	67%（4）	45%（16）

資料來源：作者整理

（1）交易面房地產指標，弱度比例（40%）＞普通比例（33%）＞強度比例（27%），足見交易面經濟指標上所代表是現在消費者買賣交易量少及貸款金額少（量縮的現象）及生產者（建商）對未來沒有信心而形成建照申請少的市況，搭配先前價量綜合分析所處的第二象限，因此房市是處於量縮價漲（蛋黃區）及量縮價平（蛋白區）的現象，由於弱度比例較高，很大的可能會從第二象限到第三象限（價量均跌）。

（2）供需房地產指標上，（強度比例＝弱度比例＝36%）＞普通比例（28%），此供需房地產指標所代表是建商及消費者對於房市仍有信心，建商採取先建後售（因原物料及勞務成本，建商不肯低價售出），消費者則買房保值，若搭配先前價量綜合分析所處的第二象限，目前房市會在第二象限維持。

（3）金融房地產指標上，弱度比例（50%）＞（強度比例＝普通比例＝25%），此金融房地產指標所代表是因為美國聯準會升息帶動本國央行調高重貼現率，進而影響買方購房意願而造成買賣交易量減少之現象，若搭配先前價量綜合分析所處的第二象限，加上弱度比例高達50%，目前房市應該會從第二象限很快到第三象限。

（4）經濟面房地產指標，弱度比例（67%）＞普通比例（33%）＞強度比例（0%），此經濟面房地產指標所代表是本國經濟成長非常緩慢，加上台灣出口連 10 黑及消費者物價及核心消費者物價已降，其高達弱度 67% 比例，

目前房市的第二象限很快到第三象限。

（5）綜合房地產指標，弱度比例（45%）>普通比例（30%）>強度比例（25%），此綜合房地產指標上，是揭露房市是一個走弱的階段，若加上先前交易面、供需面、金融面及經濟面之價量分析目前所處的第二象限，相信未來經濟持續不好狀況下，房市很快就到第三象限的價量均跌的現象。

在（1）立法院 2022 年 12 月初審通過「平均地權條例」修法，（2）國內經濟景氣放緩甚至下跌，（3）央行信用管制及（4）央行的升息（2023 年 8 月最低為 2.06%，已超過 2% 以上），已經對於抑制投機炒作發揮的效果，讓目前房市只剩自住自撐的買氣，2024 年又適逢總統大選，在民怨最高的房價上，相信政府會不斷實施許多抑制房市的措施，相信未來房市不僅呈現量縮價平而轉趨保守，更有很大的可能會出現房市價量均跌的現象產生，因為目前烏俄地緣政治風險仍是升溫，及加上市場資金緊縮及全球經濟成長持續下修下，其房市是很不被看好的，因此若是讀者考慮賣房，現階段的高房價是一個非常好的賣點，至於若是讀者考慮買房，建議讀者再多等等。

攜手築愛 讓愛進住

線上捐款

邀您力挺24小時團體家屋籌建

共同為失智長輩打造社區式的家
陪伴他們串起幸福的記憶
走過快樂與尊嚴的最後一哩路

響應支持 ♥ 愛心捐款滿額贈

募款所得用於『24小時團體家屋』建置

捐款滿 **$600**元/含以上
可獲幾米圖樣授權悠遊卡

捐款贈品不累贈，選擇不具名捐款，
恕無法參加本活動，不便之處，敬請見諒。

(數量有限，送完為止)

切膚之愛基金會

官網：https://www.sgwlf.org.tw
電話：04-7285420／傳真：04-7237673
會址：500彰化縣彰化市博愛街53巷85號

官網　　FB粉絲頁

台灣廣廈 國際出版集團
Taiwan Mansion International Group

國家圖書館出版品預行編目（CIP）資料

抓住房地產最佳決勝點：從認識影響房地產景氣的各項指標到
買賣最佳時機點超詳細分析 / 廖仁傑 著，
-- 初版. -- 新北市：財經傳訊, 2023.09
　面；　　公分. --（view;62）
ISBN 978-626-7197-32-5（平裝）
1.CST: 不動產　2.CST: 不動產業

554.89　　　　　　　　　　　　　　　　112012635

財經傳訊
TIME & MONEY

抓住房地產最佳決勝點：
從認識影響房地產景氣的各項指標到買賣最佳時機點超詳細分析

作　　　者／廖仁傑

編輯中心／第五編輯室
編 輯 長／方宗廉
封面設計／張天薪
製版・印刷・裝訂／東豪・弼聖・秉成

行企研發中心總監／陳冠蒨
媒體公關組／陳柔彣・綜合業務組／何欣穎

線上學習中心總監／陳冠蒨
數位營運組／顏佑婷
企製開發組／江季珊

發 行 人／江媛珍
法 律 顧 問／第一國際法律事務所 余淑杏律師・北辰著作權事務所 蕭雄淋律師
出　　　版／台灣廣廈有聲圖書有限公司
　　　　　　地址：新北市 235 中和區中山路二段 359 巷 7 號 2 樓
　　　　　　電話：（886）2-2225-5777・傳真：（886）2-2225-8052

代理印務・全球總經銷／知遠文化事業有限公司
　　　　　　地址：新北市 222 深坑區北深路三段 155 巷 25 號 5 樓
　　　　　　電話：（886）2-2664-8800・傳真：〔886）2-2664-8801
郵 政 劃 撥／劃撥帳號：18836722
　　　　　　劃撥戶名：知遠文化事業有限公司（※ 單次購書金額未達 500 元，請另付 60 元郵資。）

■ 出版日期：2023 年 9 月
ISBN：978-626-7197-32-5